세 마리 토끼 잡는

초등 한국사

[1권] 선사 시대~삼국 시대

NE 능률

이 책을 쓴 분들

강영주(지에밥 창작연구소 대표, 〈세 마리 토끼 잡는 독서 논술, 초등 독해〉 기획 및 집필)

김경선(작가, 〈세 마리 토끼 잡는 독서 논술, 초등 독해〉 집필)

한화주(작가, 〈세 마리 토끼 잡는 독서 논술, 초등 독해〉 집필)

한현주(작가, 〈세 마리 토끼 잡는 독서 논술, 초등 독해〉 집필)

박지영(작가, 〈세 마리 토끼 잡는 초등 독해〉 기획 및 편집)

이 책을 감수한 선생님들

김명수(용인 모현초등학교)

한희란(용인 양지초등학교)

양준호(수원 광교초등학교)

이 책을 만든 분들

박지영(기획 편집자), 이국진(기획 편집자),

최영은(기획 편집자), 강영주(기획 편집자)

세 마리 토끼 잡는 초등 한국사

1권 선사 시대~삼국 시대

1판 7쇄 2022년 2월 25일 | **펴낸이** 주민홍

총괄 김진홍 | **기획 및 편집** 지에밥 창작연구소 | **연구원** 김지연, 이자원, 박수희 | **펴낸곳** ㈜NE능률 | **디자인** 장현순 | **그림** 우지현, 유남영, 김정진, 이형진, 윤유리, 이혁, 김석류 | **영업** 한기영, 이경구, 박인규, 정철교, 김남준, 김남형, 이우현 | **마케팅** 박혜선, 고유진, 김여진 | **주소** 서울특별시 마포구 월드컵북로 396(상암동) 누리꿈스퀘어 비즈니스타워 10층 (우편번호 03925) | **전화** (02)2014-7114 | **팩스** (02)3142-0356 | **홈페이지** www.nebooks.co.kr | ISBN 979-11-253-3521-4

제조년월 2022년 2월 제조사명 ㈜NE능률 제조국 대한민국 사용연령 7~11세

하루하루 실력이 성장하는 역사의 주인공이 되세요!

아이가 자라면 가족과 친구를 벗어나 사회 문제에 관심을 갖기 시작합니다.

그러다가 어느 날 문득 뜻밖의 질문을 합니다.

"우리나라를 처음 세운 사람이 누구예요?"

"옛날에는 왜 남자도 머리를 길렀어요?"

"이순신 장군은 어떻게 배 13척으로 일본군을 무찔렀어요?"

역사에 대한 호기심이 생긴 것이지요. 그렇다면 이제 아이가 역사를 공부하기에 좋은 때가 된 것입니다. 역사를 공부한다는 것은 지금까지 경험한 세계를 뛰어넘어 시공간이 다른 사건과 인물을 만나는 일이기 때문이지요.

역사는 '과거와 현재의 대화'라고 합니다. 과거의 기록인 역사가 현재를 사는 우리에게 많은 교훈과 해법을 제공해 주기 때문입니다.

우리 민족은 세계 최초로 금속 활자를 발명했고, 한글이라는 훌륭한 문자를 가지고 있습니다. 또한, 『팔만대장경』과 『조선왕조실록』이라는 뛰어난 역사 기록물들을 소중히 보존하고 있습니다. 그러므로 이제 막 역사에 관심을 갖기 시작한 아이에게 우리 역사의 소중함을 깨닫게 하고, 역사를 제대로 이해할 수 있도록 하는 일은 무엇보다 중요합니다.

〈세 마리 토끼 잡는 초등 한국사〉는 이와 같은 점을 고려하여 기획하고 구성하였습니다.

첫째, 역사 이야기를 재미있게 읽으며 교훈을 얻게 한다.

둘째, 정확한 자료를 바탕으로 역사 지식을 키우고 실력을 확인하게 한다.

셋째, 한국사를 중심으로 세계사를 이해하며 폭넓은 역사관을 갖게 한다.

〈**세 마리 토끼 잡는 초등 한국사**〉는 이와 같은 기획을 완성하기 위해 최고의 기획진과 작가진들이 내용을 구성하고, 현장의 선생님들이 한 자 한 자 감수해 주셨습니다. 모쪼록 이 책으로 아이가 하루하루 실력을 쌓으며 새롭게 펼쳐질 역사의 주인공이 되기를 기대합니다.

세 마리 토끼 잡는 초등 한국사란?

어떤 책인가요?

〈세 마리 토끼 잡는 초등 한국사〉는 역사에 대한 호기심을 재미있는 역사 이야기로 풀면서 배경지식을 쌓고 다양한 문제로 실력을 키울 수 있는 책입니다.

몇 권으로 구성했나요?

〈세 마리 토끼 잡는 초등 한국사〉는 한국사를 시대별로 총 6권으로 나누어 실었습니다.

단계	1권	2권	3권	4권	5권	6권
대상 학년	전 학년	전 학년	전 학년	전 학년	전 학년	전 학년
시기	선사 시대~삼국 시대	삼국 통일~남북국 시대	고려 시대	조선 전기	조선 후기	대한 제국~대한민국
권수	1권	1권	1권	1권	1권	1권

세 마리 토끼란?

'한국사, 세계사, 기출 문제'를 말합니다. 한국사를 중심으로 사건을 살펴고 이것을 세계사에 연결시켜 자주 출제되는 문제로 확인하는 과정에서 통합적으로 역사를 이해할 수 있습니다.

한국사
- 재미있는 이야기를 읽으며 한국사를 이해함.
- 한국사 지식을 정확한 역사 정보로 살펴보고, 핵심 문제로 확인함.

세계사
- 한국사의 주요 사건을 세계사와 연결시켜 통합적으로 이해함.
- 한국사의 흐름을 세계사의 흐름 속에서 폭넓게 이해함.

기출 문제
- 한국사를 초등 교육 과정과 연결하여 학교 공부에 도움을 줌.
- 한국사 실력을 키워 학교 시험, 한국사능력검정시험 등에 대비함.

하루에 세 장씩 학습하면 한 달 안에 역사가 한눈에 쏘옥!

세 마리 토끼 잡는 초등 한국사 는 이런 점이 다릅니다

● **한국사를 초등 교과와 긴밀하게 연결했습니다.**

한국사의 흐름을 〈초등 사회 5-2, 6-1〉 교과 내용과 연결 지어 각 권을 구분하고, 주요 사건을 교과 주제에 연결하였습니다.

● **한 권 안에 통합 교과적 내용을 수록했습니다.**

시대별 한국사를 정치, 경제, 사회, 문화 등 다양한 영역으로 구성하고, 왕권 위주의 역사가 아닌, 사회 흐름 변화사로 구성해서 통합 교과적 사고 능력을 키울 수 있도록 하였습니다.

● **역사적 사실을 바탕으로 역사 이야기를 구성했습니다.**

이야기의 재미를 위해 불분명한 역사적 사실로 재구성하는 것을 지양하고, 주요 사건을 역사적 사실을 바탕으로 풀어 흥미롭게 구성했습니다.

● **검증된 자료로 정리하고 다양한 문제로 확인하도록 했습니다.**

역사 이야기에서 다룬 내용을 출처가 명확한 역사 정보로 정리했고, 학교 시험이나 한국사능력검정시험에 도움이 되는 다양한 문제를 수록하여 실력을 쌓을 수 있도록 구성했습니다.

● **한국사와 관련된 세계사를 한눈에 볼 수 있도록 했습니다.**

한국사의 주요 사건이 있었던 때의 세계사나 한국사와 비슷한 일이 있었던 세계사 등 한국사를 폭넓은 관점에서 살필 수 있도록 정리했습니다.

● **다양한 시각 자료를 수록하여 역사에 현장감을 주었습니다.**

역사 이야기의 재미와 배경지식의 이해를 도울 수 있는 그림, 사진, 지도 등을 실어 읽는 이가 역사 안에 있는 것 같은 느낌을 줄 수 있도록 구성하였습니다.

세 마리 토끼 잡는 초등 한국사 는 이렇게 구성되었습니다

파트 소개

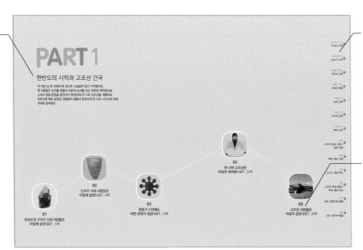

파트별(주차별) 학습 내용

한 주 학습을 하기 전에 공부할 내용을 한눈에 볼 수 있도록 내용을 간단히 정리했습니다.

권별 연표

한 권에 수록된 시대의 주요 사건을 연도 순으로 정리했습니다.

일차 제목

하루 학습에서 알아볼 내용을 시각 자료를 통해 먼저 살펴보도록 했습니다.

이야기 속으로 1

이야기

역사적 사실을 바탕으로 한 재미있는 역사 이야기와 그림을 실었습니다.

역사 돋보기

이야기에서 중요하거나 자세히 알아볼 내용을 검증된 역사적 사실과 사진을 통해 설명했습니다.

시대 연표

이야기가 일어난 시대가 언제인지 한국사 연표에서 확인할 수 있습니다.

낱말 풀이

이야기에서 역사 용어나 어려운 낱말을 그때그때 찾아보도록 자세히 풀이했습니다.

공부하기 전에
자세히 읽고 학습 효과를
높이세요!

이야기 속으로 2

시각 자료
역사 이야기를 이해하는 데
도움이 되는 사진, 그림, 지
도 등을 실었습니다.

반짝 퀴즈
이야기에서 꼭 필요한 지식
과 정보를 빈칸 넣기 문제를
풀면서 살펴볼 수 있도록 구
성했습니다.

핵심 개념 정리
본문에서 배운 역사 이야기의
주요 내용을 〈초등 사회〉 교
과서의 내용을 토대로 정리
하였습니다.

역사 쏙쏙

교과 문제
한국사 주요 문제나 〈초등 사
회〉 교과에서 자주 출제되는
학습 문제를 실었습니다.

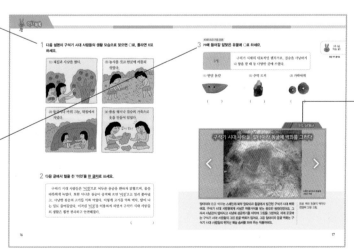

실력 문제
한국사능력검정시험에서 자
주 출제되는 기출 문제를 응
용하여 실었습니다.

카드 세계사
한국사의 주요 사건이 있었
던 때에 벌어진 세계사 속 사
건이나 한국사와 비슷한 일
이 일어났던 세계사를 간단
한 카드 형식으로 정리하였
습니다.

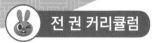

세 마리 토끼 잡는 초등 한국사의 커리큘럼

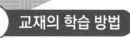

세 마리 토끼 잡는 초등 한국사 이렇게 공부하세요

1 매일매일 꾸준히 공부해요.

〈세 마리 토끼 잡는 초등 한국사〉는 매일 6쪽씩 꾸준히 공부하는 책이에요. 역사 이야기를 재미있게 읽으면서 역사적 사실을 이해하고, 실전 문제를 풀면서 실력을 확인할 수 있습니다. 공부가 끝나면 '○주 ○일 학습 끝!' 붙임 딱지를 붙여 보세요.

2 이야기에 나오는 내용을 교과서에서 찾아보아요.

하루 공부를 마치고 나면, 역사 이야기와 정리 내용을 교과서에서 찾아보세요. 역사 이야기를 재미있게 읽고 한국사를 정리하면 〈초등 사회〉교과서의 내용을 저절로 이해할 수 있습니다.

3 더 알고 싶은 내용을 인터넷이나 다양한 책에서 찾아보아요.

본문에서 나온 내용을 더 알고 싶다면 역사 고전이나 역사 인물 이야기 등 관련된 읽을거리를 찾아 읽어 보세요. 한국사뿐 아니라 다양한 영역의 배경지식을 쌓을 수 있습니다.

재미있는 역사 이야기를 읽고 역사 지식을 쌓아서 역사 능력자가 되어 보세요!

한 주 학습표	월	화	수	목	금	토
	매일 6쪽씩 학습하고, '○주 ○일 학습 끝!' 붙임 딱지 붙이기					주요 내용 복습하기

세 마리 토끼 잡는 초등 한국사

1권 선사 시대~삼국 시대

PART 1

한반도의 시작과 고조선 건국

약 70만 년 전, 한반도에 최초로 사람들이 살기 시작했어요.
옛사람들은 도구를 만들어 쓰면서 농사를 짓고 한곳에 정착했지요.
그리고 점점 문명을 발전시켜 한반도에 고조선이라는 나라를 세웠어요.
오래전에 한반도에 살았던 사람들의 생활 모습과 고조선에 대해 자세히 살펴봐요.

02

신석기 시대 사람들은
어떻게 살았나요? _18쪽

03

청동기 시대에는
어떤 변화가 생겼나요? _24쪽

01

한반도의 구석기 시대 사람들은
어떻게 살았나요? _12쪽

공부한 날짜: ☐월 ☐일

한반도의 구석기 시대 사람들은 어떻게 살았나요?

주먹 도끼

주먹 도끼는 구석기 시대 사람들이 사용했던 대표적인 뗀석기예요. 주먹에 쥐고 쓰는 도끼라서 이런 이름이 붙었지요. 주먹 도끼는 짐승을 사냥하거나 짐승의 가죽을 벗길 때, 땅을 팔 때 등 다양한 곳에 쓰였어요.

주먹 도끼

뗀석기를 쓰고 동굴에서 살다

지금으로부터 약 70만 년 전, 한반도에 사람이 살기 시작했어요. 이때 사람들은 돌을 깨뜨리거나 떼어 내 만든 도구를 사용했지요. 이렇게 만든 도구를 '뗀석기'라고 해요. '석기'가 '돌로 만든 도구'라는 뜻이거든요. 주먹 도끼, 찍개, 찌르개, 긁개 등 뗀석기를 사용하던 시대를 가리켜 '구석기 시대'라고 한답니다.

구석기 시대 사람들은 몸을 보호하기 위해 풀을 엮거나 짐승의 가죽으로 옷을 만들어 입었어요. 농사짓는 법을 몰랐기 때문에 자연에서 먹을거리를 구했지요.

"나무 열매를 따러 가야지!"

"오늘은 물고기를 많이 잡으면 좋겠군."

사람들은 나무 열매를 따 먹고, 풀과 풀뿌리를 채집했어요.

이 열매는 정말 맛있어.

물고기를 잡기도 했지요. 때로는 여럿이 힘을 합해 짐승을 사냥하기도 했답니다. 사냥해서 잡은 짐승의 고기는 사이좋게 나누어 먹었지요. 그러나 구석기 시대 사람들이 매번 사냥에 성공해서 고기를 먹을 수 있는 것은 아니었어요.

"요즘 먹을거리를 찾기가 힘들어."

"여기를 떠나 다른 곳으로 갈 때가 됐구나."

구석기 시대 사람들은 주변에 있는 나무 열매를 모두 따 먹고, 사냥감도 찾기 힘들어지면 다른 곳으로 옮겨 갔어요. 먹을거리를 찾아 이곳저곳 떠돌며 살았답니다.

그래서 힘들여 튼튼한 집을 짓지 않았어요. 어차피 먹을거리가 떨어지면 그곳을 떠나야 하니까요. 그렇다고 그냥 밖에서 먹고 자며 생활하기는 힘들었어요. 비바람이 몰아치는 날도 있고, 사나운 동물이 공격해 올 수도 있잖아요?

그래서 구석기 시대 사람들은 주로 동굴에서 살았어요. 때로는 바위 그늘에서 지내거나 강가에 막집을 짓고 살기도 했어요.

한반도 우리나라 땅을 일컫는 말로, '반도'는 세 면이 바다로 둘러싸이고 한 면이 육지와 이어진 땅을 말함.
채집하다 널리 찾아서 얻거나 캐고 잡아 모으다.
막집 구석기 시대에 나뭇가지와 가죽, 풀을 엮어 간단하게 막처럼 꾸민 집.

반짝퀴즈 Q1

구석기 시대 사람들은 '돌을 깨뜨리거나 떼어 내 만든 도구'인 □□□을/를 사용했다.

□ □ □

아늑하니 좋군. 하지만 내일이면 이 동굴과도 안녕이군.

그래, 먹을거리를 찾아 떠나야지.

불을 이용하며 무리 지어 살다

"음, 고기를 불에 구웠더니 참 맛있네!"

"추웠는데 불을 쬐니 따뜻해졌어."

구석기 시대 사람들은 불을 사용하는 방법을 알게 되었어요. 그래서 생활 곳곳에 불을 이용했지요.

캄캄한 밤에는 불을 피워 어두운 동굴을 환하게 밝혔어요. 추울 때도 불을 피워서 몸을 따뜻하게 녹였지요. 사나운 짐승이 공격해 오면 불을 휘둘러 짐승을 멀찍이 쫓아 버렸답니다.

또, 사냥한 짐승의 고기를 불에 익혀 먹기도 했어요. 불에 고기를 익히면 부드럽고 맛도 좋았거든요. 게다가 날고기를 먹었을 때보다 탈이 나는 일도 크게 줄었지요. 질긴 식물도 불에 구우면 부드러워졌어요. 이렇게 불을 이용하게 되면서 구석기 시대 사람들의 생활은 훨씬 편리하고 안전해졌지요.

구석기 시대 사람들은 무리를 지어 살았고, 모두가 평등했어요. 높은 사람도 없고 낮은 사람도 없었지요.

"이상하네. 분명히 여기에 산딸기가 많았는데……."

"그러게. 사슴이 다 먹어 버렸나 봐."

왜냐하면 구석기 시대에는 먹을 것을 구하기가 굉장히 어려웠기 때문이에요. 그러니 다른 사람보다 더 많이 가진 사람이 생길 수 없어 다른 사람을 지배하는 일도 일어날 수 없었지요.

"여기는 이제 먹을거리가 없는데 어떡하지요?"

"저 언덕을 넘으면 밤이 나는 곳이 있어. 어서 가 보자고."

다만, 무리에는 사람들을 이끄는 지도자가 있었어요. 어떻게 힘을 합해 짐승을 사냥할지, 먹을거리를 찾아 어디로 옮겨 갈지 지혜롭게 알려 줄 사람이 필요했거든요.

그래서 무리 가운데 경험이 많은 사람이 지도자가 되어 사람들을 이끄는 역할을 했어요.

평등하다 권리, 의무, 자격 등이 차별 없이 고르다.

Q2

□□□ 시대 사람들은 무리 지어 옮겨 다니며 살았으며, 모든 사람이 평등했다.

저쪽으로 가 봅시다!

⭐ 구석기 시대의 생활

- 한반도의 구석기 시대는 약 70만 년 전에 시작되었다.
- 구석기 시대 사람들은 돌을 깨뜨리거나 떼어 내 만든 도구인 뗀석기를 사용했다.
- 구석기 시대 사람들은 채집과 사냥, 물고기 잡이를 했으며, 무리를 지어 먹을거리를 찾아 옮겨 다녔다.
- 구석기 시대 사람들은 동굴이나 바위 그늘, 강가의 막집에서 살면서 생활에 불을 이용했다.
- 구석기 시대는 모든 사람이 평등한 사회였다.

1 다음 설명이 구석기 시대 사람들의 생활 모습으로 맞으면 ○표, 틀리면 X표 하세요.

(1) 채집과 사냥을 했다. (   )

(2) 농사를 짓고 한곳에 머물러 살았다. (   )

(3) 동굴이나 바위 그늘, 강가의 막집에서 지냈다. (   )

(4) 풀을 엮거나 짐승의 가죽으로 옷을 만들어 입었다. (   )

2 다음 글에서 밑줄 친 '이것'을 한 글자로 쓰세요.

구석기 시대 사람들은 '이것'으로 어두운 동굴을 환하게 밝혔으며, 몸을 따뜻하게 녹였다. 또한 사나운 짐승이 공격해 오면 '이것'으로 멀리 쫓아냈고, 사냥한 짐승의 고기를 익혀 먹었다. 이렇게 고기를 익혀 먹자, 탈이 나는 일도 줄어들었다. 이처럼 '이것'을 이용하게 되면서 구석기 시대 사람들의 생활은 훨씬 편리하고 안전해졌다.

(   )

3 다음 (가)에 들어갈 알맞은 유물에 ○표 하세요.

1주 1일
학습 끝!

붙임 딱지 붙여요.

(가)	구석기 시대의 대표적인 뗀석기로, 짐승을 사냥하거나 땅을 파는 등 다양한 곳에 쓰였다.

(1) 반달 돌칼

(   )

(2) 주먹 도끼

(   )

(3) 가락바퀴

(   )

카드 세계사

구석기 시대 사람들, 알타미라 동굴에 벽화를 그리다

스페인 알타미라 동굴에
그려진 벽화

알타미라 동굴 벽화는 스페인의 북부 알타미라 동굴에서 발견된 구석기 시대 벽화예요. 구석기 시대 사람들에게 사냥은 먹을거리를 얻는 중요한 방법이었어요. 그래서 사냥감이 많아지고 사냥에 성공하기를 바라며 그림을 그렸어요. 세계 곳곳에는 구석기 시대 사람들이 그린 동굴 벽화가 많이 있어요. 그중 알타미라 동굴 벽화는 구석기 시대 사람들의 뛰어난 예술 솜씨를 보여 주는 작품이에요.

동굴 벽화 동굴의 벽이나
천장에 그린 그림.

신석기 시대 사람들은 어떻게 살았나요?

농사를 짓고 토기를 사용하다

긴 구석기 시대가 지나고, 약 1만 년 전쯤 되었을 무렵이에요. 사람들이 돌을 떼어 내는 방식이 아닌, 돌을 갈아서 새로운 방법으로 도구를 만들었어요. 이렇게 만든 도구를 '간석기'라고 해요. 그리고 사람들이 간석기를 사용하던 시기를 '신석기 시대'라고 한답니다.

이 무렵 자연환경에도 변화가 생겼어요. 빙하기가 끝나 날씨가 점점 따뜻해졌거든요. 식물이 무성하게 자라나 토끼와 노루, 사슴처럼 몸집이 작은 동물이 많아졌어요. 땅을 덮고 있던 얼음이 녹으면서 강물과 바닷물이 불어나 물고기도 늘었지요.

그래서 신석기 시대 사람들은 늘어난 물고기와 짐승을 잡기 위해 여러 가지 도구를 만들었어요. 동물의 뼈를 깎아서 낚싯바늘을 만들고, 그물 끝에는 돌로 그물추를 만들어 매달았지요. 또, 짐승을 사냥할 때 쓰는 화살과 창의 촉도 더욱 날카롭게 만들었답니다.

빗살무늬 토기
토기는 흙으로 모양을 빚은 뒤 불에 구워서 만들어요. 토기를 불에 구울 때 갈라지거나 깨지는 일이 많았지요. 그런데 토기에 빗살무늬를 새기면 토기가 쉽게 갈라지거나 깨지지 않았어요.
신석기 시대 사람들은 강가나 바닷가의 모래에 빗살무늬 토기를 꽂아서 사용했어요. 그래서 빗살무늬 토기는 아래가 뾰족하거나 둥근 모양이 많이 있지요.

빗살무늬 토기

빙하기 지구의 기온이 내려가 큰 얼음덩어리인 빙하가 발달했던 시기.
그물추 그물이 물속에 쉽게 가라앉도록 그물 끝에 매다는 돌을 말함.

신석기 시대에는 농사가 시작되었어요. 사람들이 조, 피, 수수 같은 곡식을 심고 거두어들인 거예요. 농사를 지을 때도 돌로 만든 도구를 사용했어요. 돌보습과 돌괭이로 땅을 일구고, 곡식이 익으면 돌낫으로 줄기를 베었지요. 거두어들인 곡식은 갈판에 올려놓고 갈돌로 밀어서 껍질을 벗기거나 가루로 만들었답니다.

갈판과 갈돌

촉 긴 물건의 끝에 박힌 뾰족한 것.
돌보습 돌로 만든 보습으로, 보습은 땅을 갈아서 흙을 뒤엎을 때 사용하는 도구임.
돌괭이 돌로 만든 괭이로, 괭이는 흙을 파고 고르는 데 쓰는 도구임.

신석기 시대 사람들은 '빗살무늬 토기'도 만들었어요. 토기는 흙으로 만든 그릇인데, 토기의 겉면에 빗살 같은 무늬가 있어서 '빗살무늬 토기'라고 해요. 신석기 시대 사람들은 빗살무늬 토기에 곡식을 담아 두거나 음식을 만들어 먹었지요. 빗살무늬 토기는 신석기 시대를 대표하는 토기가 되었어요.

신석기 시대 사람들이 농사를 지었다고 해서 채집과 사냥을 그만둔 것은 아니에요. 농사짓는 기술이 부족해서 곡식을 많이 거두어들일 수 없었거든요. 사람들은 여전히 나무 열매를 따고, 물고기를 잡거나 짐승을 사냥하는 일도 했지요.

반짝퀴즈 Q1

신석기 시대 사람들은 돌을 갈아서 만든 도구인 □□□을/를 썼다.

갈판과 갈돌을 이용하면 곡식 껍질을 쉽게 벗길 수 있지.

19

움집을 짓고 가축을 기르다

농사를 짓기 시작하면서 사람들은 먹을거리를 찾아 옮겨 다닐 필요가 없었어요. 그래서 한곳에 머무르며 정착 생활을 했어요. 신석기 시대 사람들은 주로 강가나 바닷가에 모여 살았어요. 조개나 물고기 같은 먹을거리가 많고, 농사에 쓸 물도 쉽게 구할 수 있었거든요.

신석기 시대 사람들은 움집을 짓고 살았어요. 움집을 지을 때는 먼저 땅을 파고 바닥을 평평하게 다 졌어요. 그런 다음 가장자리에 나무로 기둥을 세우고, 풀이나 갈대를 덮어서 움집을 만들었어요. 움집 가운데에는 불을 피울 수 있는 화덕을 만들고, 움집 꼭대기에는

신석기 시대 움집(복원)

구멍을 내어 불을 피울 때 나는 연기가 빠져나가게 했답니다.

이렇게 지어진 움집에서는 약 네다섯 명 정도의 가족이 함께 살았어요. 그리고 이런 움집들이 옹기종기 모여 마을을 이루었지요.

땅을 파고 움집을 지은 까닭

움집을 지을 때 먼저 땅을 팠다고 했지요? 그것은 땅속이 땅 위보다 온도 변화가 적기 때문이에요. 무더운 여름철에는 땅속에서 서늘한 기운이 뿜어져 나오고, 추운 겨울에는 땅 위보다 더 따뜻해 찬바람도 덜 들어오지요. 그래서 신석기 시대 사람들이 땅을 파고 집을 지은 거예요.

신석기 시대 움집터(서울 암사동)

정착 생활 일정한 곳에 자리를 잡고 머물러 사는 생활.
화덕 불을 피울 수 있게 만든 것으로, 둥근 자갈을 이용하여 둥글거나 네모지게 만듦.

가락바퀴

"사로잡은 멧돼지를 한쪽에 가둬 놓았는데, 새끼를 낳았지 뭐야!"

"오, 그 새끼 멧돼지들을 길러 보자. 그럼 더 많은 고기와 가죽을 얻을 수 있을 거야!"

이렇게 해서 신석기 시대 사람들은 가축을 기르게 되었어요. 소나 돼지를 길러서 고기와 가죽을 얻고, 개를 길러서 사냥하는 데 이용했지요. 가축을 기르게 되면서 먹을거리는 더욱 많아졌답니다.

신석기 시대 사람들은 옷감을 짜서 옷도 지어 입었어요. 먼저 삼이라는 식물의 속껍질을 두드려서 가는 실을 얻었어요. 가는 실 여러 가닥을 가락바퀴로 꼬아 긴 실을 만들었지요. 그 실로 옷감을 짜고, 뼈바늘로 옷감을 꿰매어 옷을 만든 거예요.

또, 신석기 시대 사람들은 동물의 이빨을 다듬어 목걸이를 만들고, 조개껍데기로 팔찌도 만들었어요. 이렇게 만든 장신구로 멋을 부렸지요.

가락바퀴 신석기 시대부터 청동기 시대까지 실을 만들 때 사용했던 도구. 실을 감는 도구인 '가락'을 끼워 사용했기 때문에 가락바퀴라고 부름.
뼈바늘 뼈로 만든 바늘.
장신구 반지, 귀고리 등 몸치장을 하는 데 쓰는 물건.

Q2
반짝퀴즈
신석기 시대 사람들은 땅을 파고 나무 기둥을 세운 뒤, 풀이나 갈대를 덮은 □□에서 살았다.

⭐ **신석기 시대의 생활**

• 신석기 시대 사람들은 돌을 갈아서 만든 도구인 간석기를 필요한 목적에 따라 사용했다.

• 신석기 시대 사람들은 농사를 지으면서부터 정착 생활을 했다.

• 신석기 시대 사람들은 빗살무늬 토기에 농사지은 곡식을 보관하거나 음식을 만들었다.

• 신석기 시대 사람들은 강가나 바닷가에 움집을 짓고 마을을 이루어 살았다.

• 신석기 시대 사람들은 가축을 기르고, 가락바퀴와 뼈바늘로 옷을 지어 입었다.

1 다음 신석기 시대의 도구에 알맞은 쓰임새를 선으로 이으세요.

(1)

뼈바늘

① 농사지을 땅을 일굴 때 사용했다.

(2)

돌괭이

② 옷감을 꿰매어 옷을 만들 때 사용 했다.

(3)

빗살무늬 토기

③ 곡식을 담아 두 거나 음식을 만들 때 사용했다.

2 다음 신석기 시대 사람들이 살았던 움집에 대한 설명이 맞으면 ○표, 틀리면 X표 하세요.

신석기 시대 움집(복원)

(1) 집을 지을 때 땅을 파지 않고, 땅 위에 만들었다. ( )

(2) 집 가운데에는 불을 피울 수 있는 화덕 을 만들었다. ( )

(3) 나무로 기둥을 세운 다음, 풀이나 갈대 를 덮어 만들었다. ( )

3 다음 그림에서 설명하는 신석기 시대의 도구 이름을 쓰세요.

1주 2일
학습 끝!

붙임 딱지 붙여요.

이 유물은 가운데 있는 구멍에 긴 막대를 끼워 그 축을 돌리는 방법으로 실을 뽑았던 도구예요.

(   )

카드 세계사

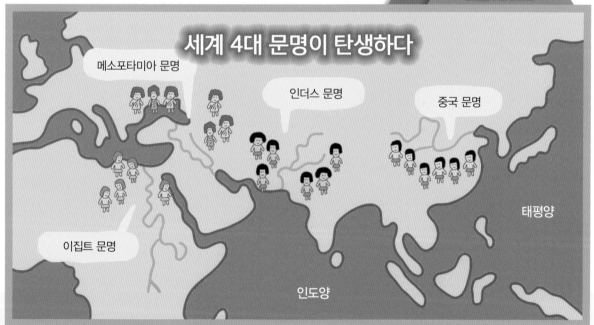

신석기 시대 사람들은 강가에서 농사를 짓고 살았다고 했지요? 세계의 큰 강인 메소포타미아의 티그리스강과 유프라테스강, 이집트의 나일강, 인도의 인더스강, 중국의 황하 근처에서도 많은 사람이 모여서 농사를 짓고 살았어요. 그러면서 이들 지역은 다른 곳보다 빠르게 발전하기 시작했어요. 청동기라는 새로운 도구를 사용하면서 문자를 만들고, 도시 국가를 이루며 '문명'을 이룩했지요.

문명 인류가 지혜를 발휘해 원시적인 생활에서 벗어나 기술과 제도를 발전시킨 상태.

청동기 시대에는 어떤 변화가 생겼나요?

공부한 날짜: ☐월 ☐일

고인돌
고인돌은 대개 받침돌을 세우고, 그 위에 덮개돌을 덮어서 만들었어요. 받침돌과 덮개돌 사이의 공간에는 방을 만들어 군장의 권위를 보여 주는 청동 거울이나 청동검 등을 함께 묻었어요.

강화 부근리 고인돌(인천시 강화군)

주석 은백색의 고체 금속으로, 녹슬지 않음.
계급 일정한 사회에서 신분, 재산, 직업 등이 비슷한 사람들로 형성되는 집단.
신분 개인의 사회적인 위치나 계급.

계급이 생기고 지배자가 등장하다

시간이 흐르면서 사람들은 또 다른 도구를 만들어 사용하기 시작했어요. 구리와 주석이라는 금속을 섞어서 만든 이 도구를 '청동기'라고 해요. 사람들이 청동기를 사용하던 시기가 '청동기 시대'이지요.

청동기 시대가 되면서 농사짓는 기술이 발달했어요. 집집이 농사를 짓고 거둔 곡식을 갖게 되었지요. 그러자 농사가 잘되어 곡식을 많이 가진 사람과 반대로 농사가 잘되지 않아 형편이 어려운 사람이 생겨났어요.

"배가 고파서 그러니 곡식을 좀 꿔 주십시오."

"좋아. 그 대신 내가 시키는 일을 해야 해!"

이처럼 청동기 시대에는 다른 사람을 지배하는 사람과 지배를 당하는 사람이 생겼어요. 바로 계급이 발생한 거예요. 재산이 많거나 힘이 센 사람들은 높은 신분을 차지했어요. 가난하고 힘없는 사람들은 낮은 신분으로, 지배를 당하는 처지가 되었지요.

제사 준비를 서두르라.

여이~.

부족에서 가장 큰 힘을 가진 사람은 부족의 우두머리인 '군장'이 되었어요. 군장은 부족을 다스리는 한편, 사람들을 이끌고 다른 부족과 싸움을 벌였어요. 싸움에서 이기면, 진 부족의 땅과 곡식을 차지하고 사람들을 잡아다 노예로 부렸지요.

군장은 하늘에 제사 지내는 일도 맡았어요. 제사를 지낼 때면 번쩍이는 청동 거울을 목에 걸고 청동 방울을 손에 쥐고 흔들었어요. 그러면서 자신이 하늘의 신과 통한다고 했지요. 사람들은 군장을 우러러보며 특별한 존재라고 생각했답니다.

살아서 큰 힘을 자랑하던 군장은 죽은 뒤에도 커다란 고인돌에 묻혔어요. 고인돌은 청동기 시대 사람들이 만든 무덤이에요. 돌을 괴어 만든 무덤이라 '고인돌'이라고 하지요. 커다란 고인돌 무덤을 만들기 위해서는 수많은 사람들의 힘이 필요했어요. 돌 하나의 무게가 수십 톤이나 되는 것도 있었거든요. 그러니 거대한 고인돌을 만들었다는 것은 그만큼 군장이 많은 사람을 거느리고 있었다는 뜻이에요.

거친무늬 거울(청동 거울)

부족 같은 조상, 언어, 종교 등을 가진 사람들의 집단.

청동 방울

Q1

반짝퀴즈

청동기 시대의 군장은 죽은 뒤에 거대한 □□□ 무덤에 묻혔다.

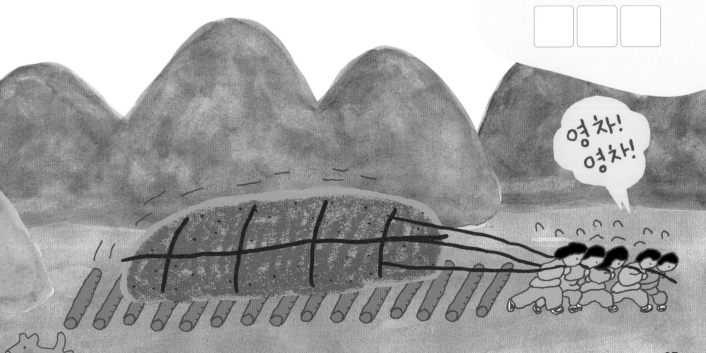

영차! 영차!

25

반달 돌칼

반달 돌칼에는 두 개의 구멍
이 뚫려 있어요. 사람들은 이
구멍에 끈을 꿰어 손잡이를 만
들었어요. 그리고 손잡이를 손
에 걸고 반달 돌칼을 쥔 뒤,
이삭을 훑거나 꺾었지요.

반달 돌칼

잡곡 쌀 이외의 모든 곡식.
볍씨 벼의 씨.
이삭 벼, 보리 등의 곡식에서
꽃이 피고 꽃대의 끝에 열매
가 많이 열리는 부분.
야트막하다 땅이 조금 얕은 듯
하다.

농사를 지으며 야트막한 언덕에 마을을 이루다

청동기 시대에는 농사가 본격적으로 이루어졌어요. 사람들은 주로
조, 수수, 콩, 보리 같은 잡곡 농사를 많이 지었는데, 예전보다 기르
는 곡식의 종류가 다양해졌지요.

벼농사도 짓기 시작했지요. 벼를 기르려면 봄에 때를 맞춰 볍씨를
뿌리고, 물도 늘 충분히 주어야 해요. 벼는 키우기가 무척 까다로운
곡식이었어요. 그래서 벼농사 짓는 법을 알아냈지만, 거두어들이는
벼의 양은 그리 많지 않았어요.

청동기 시대 사람들은 농사를 지을 때 여전히 돌로 만든 농기구를
사용했어요. 그 가운데 가장 대표적인 농기구는 '반달 돌칼'이에요.
반달 돌칼은 이름처럼 돌로 만든 반달 모양의 칼이랍니다. 사람들은
곡식의 이삭을 딸 때 반달 돌칼을 손에 쥐고 사용했어요.

청동기 시대 사람들은 강에서 멀지 않은 야트막한 언덕에 마을을
이루고 살았어요. 농사를 짓거나 생활을 하려면 물이 필요했거든요.

또, 언덕에 살면 주변을 살펴 다른 부족의 침입을 쉽게 알 수 있었지요.

청동기 시대에는 집의 모양도 달라졌어요. 신석기 시대의 움집은 땅을 깊이 파고 집터를 둥글게 만들었어요. 하지만 청동기 시대의 움집은 땅을 얕게 파고 집터를 네모난 모양으로 만들었지요. 집의 크기도 예전보다 훨씬 커졌고, 집 안에는 난방 장치인 쪽구들도 놓았어요.

청동기 시대 사람들은 '민무늬 토기'를 만들어 사용했어요. 민무늬 토기는 무늬가 없는 토기인데, 빗살무늬 토기와 달리 밑바닥이 평평했어요. 청동기 시대 사람들은 땅이 단단한 곳에서 살았기 때문에 토기 바닥을 평평하게 만들었답니다.

민무늬 토기

쪽구들 방 전체가 아닌 한쪽에만 방바닥을 따뜻하게 하는 난방 장치를 놓은 것을 말함.

반짝퀴즈 Q2

돌로 만든 반달 모양의 칼인 □□□□은/는 청동기 시대의 대표적인 유물이다.

⭐ 청동기 시대의 생활

- 청동기 시대 사람들은 청동기로 지배층의 장신구, 제사용 물건, 무기 등을 만들어 사용했다.
- 청동기 시대에는 벼농사가 시작되었으며, 반달 돌칼과 민무늬 토기를 사용했다.
- 청동기 시대 사람들은 강 주변의 산이나 언덕에 움집을 짓고 살았다.
- 청동기 시대에는 잘사는 사람과 못사는 사람이 생겨나 사람들 사이에 계급이 발생했다.
- 부족을 다스리는 군장은 하늘에 제사 지내는 일을 했고, 죽으면 거대한 고인돌 무덤에 묻혔다.

1 다음 세 친구 중 청동기 시대에 대해 <u>잘못</u> 말한 친구에게 ○표 하세요.

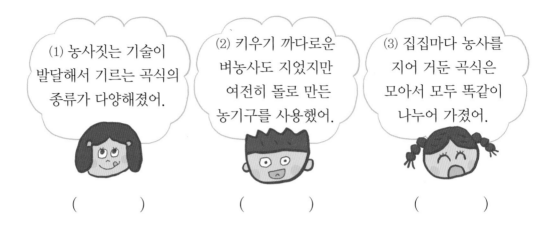

(1) 농사짓는 기술이 발달해서 기르는 곡식의 종류가 다양해졌어.

(2) 키우기 까다로운 벼농사도 지었지만 여전히 돌로 만든 농기구를 사용했어.

(3) 집집마다 농사를 지어 거둔 곡식은 모아서 모두 똑같이 나누어 가졌어.

(   )　　(   )　　(   )

2 청동기 시대의 군장에 대한 설명으로 맞으면 ○표, 틀리면 X표 하세요.

(1) 하늘에 제사 지내는 일을 맡았다. (   )

(2) 부족의 우두머리로, 부족을 다스렸다. (   )

(3) 죽은 뒤에 커다란 고인돌 무덤에 묻혔다. (   )

(4) 자신의 부족 사람들을 노예로 삼았다. (   )

3 다음 그림 속 빈칸 ㈎에 들어갈 알맞은 말을 쓰세요.

1주 3일
학습 끝!

붙임 딱지 붙여요.

㈎

이것은 부여의
송국리 유적에서 발굴된
청동기 시대의 토기예요.
빗살무늬 토기와 달리
무늬가 없고 바닥이
평평하지요.

(   )

카드 세계사

쿠푸왕의 피라미드가 만들어지다

이집트 기자에 있는 쿠푸왕의 피라미드

청동기 시대의 군장은 죽은 뒤 거대한 고인돌 무덤에 묻혔어요. 그런데 고인돌과 비교할 수 없을 정도로 커다란 무덤이 있어요. 바로 이집트 왕의 무덤인 피라미드예요. 피라미드 가운데 가장 큰 '쿠푸왕의 피라미드'는 무게가 2.5톤인 돌 230만 개를 쌓아서 높이가 약 140미터나 돼요. 기원전 2566년 쿠푸왕이 세상을 떠난 뒤, 20년에 걸쳐 십만 명이 힘을 합쳐 만든 것이라고 짐작하고 있어요.

쿠푸왕 이집트 제4왕조의 파라오. 세계 7대 불가사의인 기자의 대피라미드를 세웠음.

첫 나라 고조선은 어떻게 세워졌나요?

공부한 날짜: ☐월 ☐일

고조선의 이름
기원전 2333년 단군왕검이 세운 나라 고조선은 원래 이름이 '조선'이었어요. 그러나 뒤에 등장하는 조선과 구분하기 위해 단군왕검이 세운 나라를 고(古, 옛 고)조선이라 부르게 되었어요.
환웅이 내려온 태백산은 지금의 묘향산, 단군왕검이 도읍으로 삼은 아사달은 지금의 구월산 근처라고 짐작하고 있어요.

삼국유사 고려 시대에 '일연'이라는 스님이 쓴 역사책.
건국 나라를 세움.

단군왕검, 고조선을 세우다

청동기 시대의 부족들은 다른 부족과 힘겨루기를 하며 세력을 넓혔어요. 그 가운데 가장 강한 부족이 여러 부족을 하나로 모아 나라를 세웠지요. 그렇게 만들어진 나라가 바로 '고조선'이에요. 고조선은 우리나라 최초의 국가랍니다.

우리나라의 오래된 역사책『삼국유사』에는 고조선의 건국 이야기가 실려 있는데, 흔히 이를 '단군 신화'라고 불러요.

옛날 하늘의 신인 환인에게는 환웅이라는 아들이 있었어요. 환웅은 늘 인간 세상을 다스리고 싶어 했지요. 아들의 마음을 알게 된 환인은 환웅을 인간 세상으로 내려보냈어요.

환웅은 바람, 비, 구름을 다스리는 신하들과 3천 명의 무리를 거느리고 태백산으로 내려왔어요. 이들과 인간 세상을 잘 다스렸지요.

인간 세상을 다스리러 왔노라!

그러던 어느 날, 곰과 호랑이
가 환웅을 찾아와 사람이 되게 해
달라고 빌었지요. 환웅은 곰과
호랑이에게 쑥 한 자루와 마늘
스무 쪽을 주며 말했어요.

"너희가 그것을 먹고 100일 동
안 햇빛을 보지 않는다면, 사
람이 될 수 있을 것이다."

곰과 호랑이는 동굴로 들어가 쑥과 마늘만 먹으며 지냈어요. 얼마
뒤, 호랑이는 견디지 못하고 동굴을 뛰쳐나갔어요. 하지만 곰은 참
고 견뎌서 21일 만에 여자로 변해 웅녀가 되었어요.

웅녀는 아이 갖기를 기원했어요. 그러자 환웅이 잠시 인간으로 변
해 웅녀와 혼인을 했어요. 웅녀가 아들을 낳았는데, 그 아이가 단
군왕검이에요. 단군왕검이 아사달을 도읍으로 정하고 세운 나
라가 고조선이에요.

환웅이 내려온 묘향산과 고조선의 도읍이었던
구월산의 위치

기원하다 바라는 일이 이루어
지기를 빌다.
도읍 한 나라의 수도.

반짝퀴즈 　 Q1

청동기 시대에 세워진 우리나라 최
초의 국가는 □□□이다.

건국 이야기에 고조선이 세워진 뜻을 담다

단군왕검이 하늘에 제사를 지냈다는 마니산 참성단

숭배하다 우러러 공경하다.

고조선의 건국 이야기는 얼핏 보면 신기한 옛날이야기 같아요. 하지만 이 이야기를 통해 고조선이 세워질 때의 상황은 어떠했는지, 당시 사람들이 무엇을 중요하게 여겼는지 등을 알 수 있어요.

'하늘 신의 자손인 환웅이 무리를 거느리고 하늘에서 내려왔다.'는 것은 환웅이 이끄는 부족이 다른 지역에서 왔다는 뜻이에요. 하늘에서 내려왔다는 표현에는 환웅 부족이 하늘을 숭배하는 부족이었다는 뜻도 있어요. 또, 고조선 사람들이 나라를 세운 단군왕검을 특별하게 여겨서 하늘 신의 자손으로 표현했다고 볼 수 있어요.

또, '환웅이 바람과 비, 구름을 다스리는 신하들을 데려왔다.'고 했지요? 날씨는 농사를 짓는 데 아주 중요한 조건이에요. 따라서 당시 고조선 사람들이 농사를 중요하게 생각했다는 것을 알 수 있지요.

건국 이야기에 등장한 곰과 호랑이는 각각 '곰을 섬기는 부족'과 '호랑이를 섬기는 부족'을 뜻해요. 곰과 호랑이가 환웅을 찾아가서

단군왕검

사람이 되고 싶다고 한 것은 곰을 섬기는 부족과 호랑이를 섬기는 부족 모두 환웅의 부족과 손을 잡고 싶어 했다는 뜻이지요.

곰과 호랑이가 쑥과 마늘만 먹으며 햇빛을 보지 않고 견뎠다는 것은 부족끼리 결합하는 과정이 힘겨웠다는 뜻이에요. 결국 호랑이가 뛰쳐나갔다는 것은 호랑이를 섬기는 부족과는 손을 잡지 못했다는 거예요. 곰이 여자로 변해 환웅과 혼인했다는 것은 곰을 섬기는 부족과 환웅 부족이 힘을 합쳤다는 뜻이지요.

마지막으로 고조선을 세운 '단군왕검'이 나라를 다스리며 제사 지내는 일도 했다는 것을 알 수 있어요. 단군왕검은 '단군'과 '왕검'이 합쳐진 말이에요. 단군은 제사장, 즉 '하늘에 제사 지내는 일을 맡은 사람'이라는 뜻이고, 왕검은 '나라를 다스리는 정치적 지도자'라는 뜻이 담긴 말이랍니다.

결합하다 둘 이상의 사물이나 사람이 서로 관계를 맺어 하나가 되다.

Q2

반짝퀴즈

고조선을 세운 □□□□은/는 나라를 다스리며 하늘에 제사를 지내는 일도 했다.

□ □ □ □

곰 부족 만세!

만세!

힝!

⭐ **고조선 건국**

• 우리나라에 세워진 최초의 국가는 단군왕검이 세운 고조선이다(기원전 2333년).
• 『삼국유사』에 고조선의 건국 이야기인 '단군 신화'가 실려 있다.
• 고조선은 농업을 중시하고 곰을 섬기는 부족과 환웅 부족이 연합한 나라였다.
• '단군'은 '하늘에 제사를 지내는 사람', '왕검'은 '나라를 다스리는 사람'이라는 뜻이다.
• 단군왕검은 제사장인 동시에 정치적 지배자였다.

1 다음 중 ㈎에 들어갈 나라는 어디입니까? (   )

단군 신화는 오래된 역사책 『삼국유사』에 실려 있는 우리나라 최초의 국가인 ㈎ 의 건국 이야기이다.

① 조선   ② 고려   ③ 신라
④ 고조선   ⑤ 대한 제국

2 다음 단군 신화의 내용과 그 의미로 알맞은 것끼리 선으로 이으세요.

⑴ 환웅이 3천 명의 무리를 거느리고 하늘에서 내려왔다.	① 당시 사람들은 농사를 중요하게 생각했다.
⑵ 곰이 여자로 변하여 환웅과 혼인했다.	② 환웅이 이끄는 부족은 다른 지역에서 왔다.
⑶ 환웅이 바람과 비, 구름을 다스리는 신하들을 데리고 왔다.	③ 곰을 섬기는 부족과 환웅 부족이 함께 힘을 합쳤다.

44회 기출 응용

3 정우의 말에서 둘 중 알맞은 낱말을 골라 ○표 하세요.

단군왕검이 여기서 하늘에 제사를 지냈대.

맞아. 단군은 (제사장 / 정치적 지도자) (이)라는 뜻이고, 왕검은 나라를 다스리는 (제사장 / 정치적 지도자) (이)라는 뜻이야.

세연

마니산 참성단

정우

카드 세계사

로물루스가 로마를 세우다

늑대 젖을 먹고 있는 로물루스와 레무스

고조선의 건국 이야기처럼 다른 나라에도 건국에 얽힌 신비로운 이야기가 있어요. 로마에는 '로물루스와 레무스' 형제의 이야기가 전해져요. 로물루스와 레무스 형제는 어릴 때 버려져서 함께 늑대의 젖을 먹고 자랐어요. 어른이 된 형제는 나라를 세울 자리를 두고 서로 다투게 되지요. 결국 형 로물루스는 동생 레무스를 죽이고 말아요. 그 뒤, 로물루스가 로마를 세워 왕이 되었다는 이야기예요.

로마 기원전 750년 무렵에 세워졌는데, 훗날 커다란 나라로 성장함.

35

고조선 사람들은 어떻게 살았나요?

공부한 날짜: ☐ 월 ☐ 일

상해 남의 몸에 상처를 내어 해를 끼침.

고조선, 8조법에 따라 나라를 다스리다

고조선은 우리 민족이 처음 세운 나라예요. 한 나라에는 많은 사람이 모여 함께 살아가요. 그러다 보면, 사람들 사이에 다툼이 생기거나 여러 가지 문제가 벌어져요.

그래서 고조선에서는 '8조법'을 만들어 법에 따라 나라를 다스렸어요. 8조법은 여덟 개의 조항으로 이루어진 법인데, 지금은 그 가운데 세 가지 조항만 전해지고 있어요.

· 사람을 죽인 사람은 사형에 처한다.
· 남에게 상해를 입힌 사람은 곡식으로 갚는다.
· 남의 물건을 훔친 사람은 데려다 노비로 삼으며, 죄를 면하려면 50만 전을 내야 한다.

비록 세 가지 조항뿐이지만, 이를 통해 고조선 사람들의 생활 모습과 생각을 짐작할 수 있어요.

먼저, '사람을 죽인 사람은 사형에 처한다.'는 조항에서 고조선 사람들이 사람의 생명을 소중하게 여겼다는 것을 알 수 있어요. 또, 사람을 죽인 사람에게 사형이라는 무거운 형벌을 내린 것으로 미루어 고조선의 법이 엄격했다는 것도 알 수 있지요.

'남에게 상해를 입힌 사람은 곡식으로 갚는다.'는 조항에서는 고조선 사람들이 농사를 짓고 살았다는 것을 알 수 있어요. 개개인이 재산을 가지고 있었다는 것도 짐작할 수 있지요.

마지막으로, '남의 물건을 훔친 사람은 데려다 노비로 삼으며, 죄를 면하려면 50만 전을 내야 한다.'는 조항에서는 고조선에 신분 제도가 있었다는 것을 알 수 있어요. 노비는 주인이 시키는 일을 해야 하는 신분이 낮은 사람이었어요. 그리고 죄를 벗으려면 50만 전을 내라고 하는 것으로 보아 고조선에는 화폐(돈)의 개념이 있었다는 것도 짐작할 수 있지요.

신분 제도 태어날 때 그 출신에 따라 계급을 나누는 제도.

반짝퀴즈 Q1

고조선에서는 □□□을/를 만들어 법에 따라 나라를 다스렸다.

□ □ □

세 가지 종류의 고인돌

우리나라에는 엄청나게 많은 고인돌이 있어요. 고인돌 왕국으로 불릴 정도이지요. 고인돌의 형태는 다양한데, 한반도 북쪽에는 탁자식 고인돌이 많아요. 남쪽에는 바둑판을 닮은 '바둑판식 고인돌'이 많지요. 또 받침돌 없이 덮개돌만 있는 개석식 고인돌도 우리나라 곳곳에서 발견되었어요.

바둑판식 고인돌(전라남도 화순군)

개석식 고인돌(제주 상예동)

고조선, 독특한 문화를 이루다

고조선은 청동기 시대에 세워진 나라예요. 고조선 사람들은 농사를 지어서 거두어들인 곡식과 가축을 길러서 얻은 고기를 먹고 살았어요. 땅을 얕고 네모나게 판 집터에 움집을 지어 살았지요. 신분이 높은 사람들은 비단옷이나 가죽옷을 입고 가죽신을 신었지만, 백성은 대부분 삼베옷을 입고 짚신을 신었답니다.

그러면서 고조선 사람들은 독특한 문화를 발전시켰어요. 바로 미송리식 토기, 비파형 동검, 탁자식 고인돌을 만든 거예요.

미송리식 토기는 민무늬 토기의 한 종류예요. 평안북도의 미송리 동굴 유적에서 처음 발견되어서 '미송리식 토기'라는 이름이 붙었답니다. 미송리식 토기는 밑바닥이 평평하고, 몸체는 통통하며 목이 위로 올라갈수록 넓어지는 형태예요. 마치 표주박의 위아래를 잘라 버린 것처럼 생겼다고들 하지요. 미송리식 토기는 적갈색을 띤 것이 많은데, 손잡이가 달린 것이 가장 큰 특징이에요.

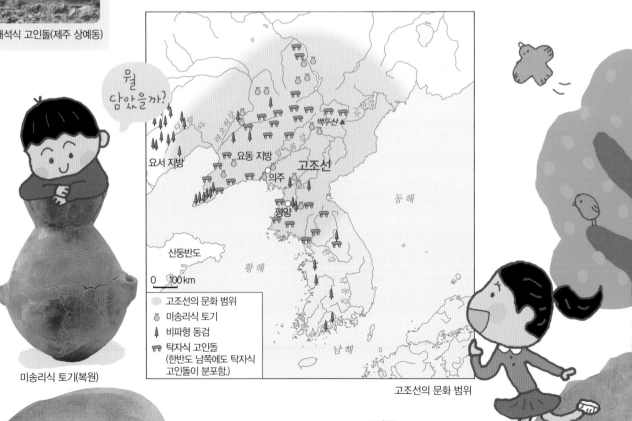

미송리식 토기(복원)

범례
- 고조선의 문화 범위
- 미송리식 토기
- 비파형 동검
- 탁자식 고인돌
  (한반도 남쪽에도 탁자식 고인돌이 분포함.)

고조선의 문화 범위

비파형 동검은 청동으로 만든 검이에요. 끝부분은 비교적 뾰족하지만 칼자루 쪽으로 갈수록 조금씩 넓어지는 형태이 지요. 모양이 중국에서 들어온 '비파'라는 악기를 닮아서 '비 파형 동검'으로 불려요. 비파형 동검은 검 가운데가 등뼈처럼 도드라져 있는데, 이는 비파형 동검에서만 나타나는 특징이 랍니다. 비파형 동검은 무기로 사용할 만큼 날카롭지 않아요. 그래서 신분이 높은 사람들이 장신구로 사용했을 것이라고 짐작하고 있어요.

비파형 동검

표주박 조롱박이나 둥근 박을 반으로 쪼개어 만든 작은 바 가지.
분포되다 일정한 범위에 흩어 져 퍼져 있다.
만주 중국 둥베이 지방.

탁자식 고인돌은 이름 그대로 탁자 모양의 고인돌이에요. 탁자의 다리처럼 길쭉한 받침돌을 세우고, 그 위에 크고 넓적한 덮개돌을 덮은 형태랍니다.

미송리식 토기와 비파형 동검, 탁자식 고인돌은 고조선을 대표하 는 문화유산이에요. 그래서 이 유물이 공통적으로 분포되어 있는 만 주와 북한 지역이 고조선의 문화 범위라고 할 수 있어요.

Q2

반짝퀴즈

□□□□ 토기와 비파형 동검, 탁 자식 고인돌은 고조선을 대표하는 문화유산이다.

멋진걸!

탁자식 고인돌

고인돌을 보러 가자!

⭐ 고조선 사람들의 생활

- 고조선은 8조법을 만들고 법에 따라 나라를 다스렸다.
- 고조선 사람들은 개인의 생명을 중요하게 여겼고, 개인의 재산을 인정했다.
- 고조선 사회는 신분 제도와 화폐(돈)의 개념을 가지고 있었다.
- 미송리식 토기, 비파형 동검, 탁자식 고인돌은 고조선을 대표하는 문화유산이다.
- 세 가지 대표 유물이 분포한 만주와 북한 지역이 고조선의 문화 범위였다.

1 다음 8조법의 조항에서 알 수 있는 사실을 알맞게 말한 친구를 <u>모두</u> 골라 이름을 쓰세요. (   )

> 남에게 상해를 입힌 자는 곡식으로 갚는다.

유진

> 고조선 사람들은 농사를 짓고 살았군.

민호

> 고조선 사람들은 개개인이 자신의 재산을 갖고 있었어.

수민

> 고조선 사람들은 농사를 지어 거둔 곡식을 똑같이 나눴군.

2 다음 지도에서 알 수 있는 내용은 무엇입니까? (   )

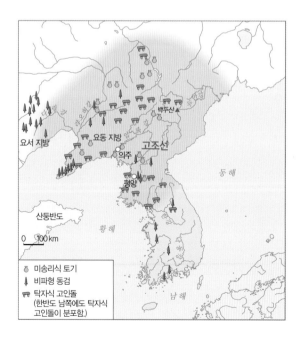

① 고조선의 인구수
② 고조선의 문화 범위
③ 고조선의 멸망 과정
④ 고조선 사람들의 농사법
⑤ 고조선이 세워지게 된 과정

3 다음 (가)에 들어갈 알맞은 말을 쓰세요.

1주 5일
학습 끝!

붙임 딱지 붙여요.

이 문화유산은 뭐예요?

이것은 (가) 시대 지배자의 무덤이었던 고인돌이에요.

(   )

카드 세계사

함무라비왕, 법전을 만들다

눈에는 눈, 이에는 이?

내 법전을 보라!

고조선이 8조법에 따라 나라를 다스릴 무렵, 바빌로니아 왕국의 함무라비왕도 함무라비 법전을 만들었어요. 이 법전에는 '평민이 귀족의 눈을 다치게 했으면, 평민의 눈도 다치게 해야 한다.'라는 조항이 있었어요. 또, '평민의 눈을 다치게 하거나 뼈를 부러지게 했다면, 은을 준다.'라는 조항도 있었지요. 함무라비 법전은 신분이 높은 사람에게 더 유리한 법이었어요.

법전 국가가 만든 법을 문자로 기록한 것.

PART 2

철기 문화와 고조선
이후의 여러 나라

고조선은 철기 문화를 바탕으로 번영을 누렸지만 중국 한의 침략에 멸망했어요.
고조선이 사라진 뒤 한반도에는 부여와 고구려, 옥저, 동예, 삼한 같은
작은 나라들이 생겨났어요. 한반도에 있었던 작은 나라들과 고구려, 신라,
백제의 건국 이야기를 함께 살펴봐요.

07

고조선은 어떻게
멸망했나요? _50쪽

08

부여와 고구려는
어떤 나라였나요? _56쪽

06

고조선은 어떻게
발전했나요? _44쪽

2주 06

고조선은 어떻게 발전했나요?

공부한 날짜: ☐월 ☐일

위만 조선

기원전 194년, 위만이 준왕을 몰아내고 고조선의 왕이 되었어요. 이로써 오랫동안 이어져 온 단군 조선의 시대가 끝났어요. 그리고 위만 조선의 시대가 시작되었지요.
위만 조선은 위만과 그의 후손들이 조선을 다스린 시기로, 고조선이 멸망할 때까지 이어졌답니다.

요령 중국 만주 동남부 지역. 중앙에는 랴오허강이 흐르고, 남쪽은 발해만, 황해에 닿아 있음.
상투 예전에, 장가든 남자가 머리털을 끌어 올려 정수리 위에 틀어 감아 맨 것.
국경 나라와 나라의 영역을 가르는 경계.

위만이 고조선의 왕이 되다

준왕이 고조선을 다스리고 있을 때였어요. 고조선은 여전히 한반도 북부와 요령, 만주 지역에서 세력을 떨치고 있었어요. 이 무렵 중국에서는 진이 멸망하고 한이 들어서면서 전쟁이 자주 벌어졌어요. 그래서 전쟁을 피해 고조선으로 넘어오는 사람이 많았지요.

그러던 어느 날, '위만'이라는 장수가 1천여 명의 사람을 이끌고 준왕을 찾아왔어요. 위만은 흰옷을 입고, 머리에 상투를 틀었지요.

"저희가 고조선을 지킬 테니, 이곳에서 살 수 있게 받아 주십시오."

준왕은 위만이 사람들을 잘 이끄는 지혜로운 인물이라는 것을 한눈에 알아보았어요. 그래서 위만을 신하로 삼고, 그에게 고조선 서쪽의 국경을 지키도록 했지요.

위만은 고조선의 서쪽 국경을 물샐틈없이 지켰어요. 그곳에 사는 백성도 잘 돌보았답니다. 그런데 시간이 지날수록 위만은 욕심이 생겼어요. 준왕을 쫓아내고 자신이 왕이 되고 싶었던 거예요.

44

'어떻게 하면 준왕을 몰아낼 수 있을까? 군대를 이끌고 간다면 의심할 것이 뻔하니……. 그래, 한나라 핑계를 댄다면?'

위만은 군대를 이끌고 준왕이 있는 왕검성으로 갔어요.

"지금 한나라 군대가 고조선을 향해 몰려오고 있습니다. 저희가 왕검성을 지킬 테니, 성안으로 들여보내 주십시오."

준왕은 위만의 거짓말을 믿고 성문을 열어 주었어요. 군대를 이끌고 왕검성으로 들어간 위만은 준왕을 쫓아내고 왕이 되었어요.

그럼 중국 사람인 위만이 고조선의 왕이 되었느냐고요? 그것은 아니에요. 위만이 무리를 데리고 준왕을 찾아왔을 때, 상투를 틀고 흰 옷을 입고 있었다고 했지요? 이는 고조선 사람의 옷차림과 머리 모양이었어요.

또한 위만은 왕위에 오른 뒤, 나라 이름을 바꾸지 않고 계속 조선이라고 했어요. 그리고 대대로 고조선에서 살아온 사람들에게 높은 벼슬을 주었지요. 이런 점으로 보아 위만은 중국 땅에 살던 고조선 사람이었을 것이라고 짐작하고 있어요.

왕검성 고조선의 도읍지.

Q1

□□은/는 준왕을 몰아내고 고조선의 왕이 되었다.

이제부터 고조선은 나 위만이 다스릴 것이오.

예이~. 예이~. 예이~.

철광석 철을 포함하고 있어서 철을 뽑아 낼 때 원료로 쓰이는 광석.

고조선, 철기 문화를 바탕으로 발전하다

위만이 왕위에 올랐을 때는 청동기 시대가 끝나고 '철기'라는 새로운 도구를 사용하는 시대였어요. '철기'는 철로 만든 도구예요. 철기를 사용하던 시기를 '철기 시대'라고 하지요.

고조선에는 이미 철기를 만드는 기술이 전해져 있었지만, 사람들에게 널리 알려져 있지 않았어요. 그러니 만들어 내는 철기도 많지 않았지요.

위만은 청동기보다 훨씬 단단한 철기를 많이 만들어서 사용하면 고조선이 더욱 발전할 수 있을 것이라고 생각했어요. 그래서 철기 만드는 기술을 적극적으로 온 나라에 알렸지요.

사실 기술이 널리 알려져도 원료가 부족하면 필요한 도구를 많이 만들 수 없었어요. 그런데 철기는 달랐어요. 철기를 만들 때 쓰는 철광석이 우리나라에 많았던 거예요.

46

위만은 ☐☐ 만드는 기술을 널리
퍼뜨려 고조선을 발전시켰다.

☐ ☐

사람들은 철로 농기구를 만들기 시작했어요. 단단한 철제 농기구를 사용했더니, 예전보다 훨씬 수월하게 밭을 일구고 곡식을 거두어들일 수 있었어요. 농사지을 땅을 넓히는 일도 전보다 쉽게 할 수 있었지요. 자연스럽게 생산하는 곡식의 양이 늘어나서 백성은 먹고살기가 좋아졌어요. 그러자 고조선의 인구도 부쩍 늘어났답니다.

변화는 이뿐만이 아니었어요. 고조선에서는 철로 무기도 만들었어요. 철로 만든 무기는 강하고 날카로웠어요. 그런 무기를 손에 들었으니, 고조선의 군대는 더욱 강해졌지요. 고조선은 주변의 작은 나라들과 싸우며 땅을 크게 넓혀 갔어요.

위만이 다스리던 시절, 고조선은 철기를 널리 사용하면서 나라가 크게 성장했답니다.

철기 시대 유적 출토품(평안북도 위원군 용연동)

⭐철기 문화와 고조선의 발전

- 위만이 준왕을 몰아내고 고조선의 왕이 되면서 위만 조선 시대가 열렸다(기원전 194년).
- 왕이 된 위만은 철기를 널리 퍼뜨렸다.
- 고조선 사람들은 철제 농기구를 사용하면서 더 많은 곡식을 생산했다.
- 백성은 먹고살기가 좋아져 고조선의 인구가 늘어났다.
- 고조선의 군대는 철제 무기를 들고 주변의 작은 나라들을 정복해 영토를 크게 넓혔다.

1 다음 밑줄 친 '이 사람'은 누구입니까? (   )

　　이 사람은 1천여 명의 사람을 이끌고 고조선으로 왔다. 흰옷을 입고 머리에 상투를 틀고 있었으며, 고조선에서 살 수 있게 받아 달라고 준왕에게 청하였다.

① 환인　　　　　　② 환웅　　　　　　③ 위만
④ 우거왕　　　　　⑤ 단군왕검

2 다음 중 위만이 한 일이 <u>아닌</u> 것은 무엇입니까? (   )

① 준왕의 신하로, 고조선의 서쪽 국경을 지켰다.
② 왕이 된 후 철기 만드는 기술을 널리 퍼뜨렸다.
③ 왕검성으로 가서 준왕을 쫓아내고 왕이 되었다.
④ 왕위에 오르자, 나라의 이름을 연으로 바꾸었다.
⑤ 대대로 고조선에서 살아온 사람들에게 높은 벼슬을 주었다.

3 다음 밑줄 친 '변화'의 내용으로 알맞은 것에 ○표 하세요.

위만이 고조선의 새로운 왕이 되었어.

위만은 고조선에 철기를 널리 퍼뜨렸어.

철기를 사용한 고조선에 많은 변화가 있었지.

2주 1일 학습 끝!

붙임 딱지 붙여요.

(1) 고조선의 인구가 줄어들었다. ( )

(2) 생산하는 곡식의 양이 많아졌다. ( )

(3) 군대가 약해져 땅이 크게 줄어들었다. ( )

카드 세계사

진, 중국을 최초로 통일하다

시황제가 중국 통일 후 세운 만리장성

위만이 준왕을 찾아올 무렵, 중국에서는 진이 멸망했어요. 진은 기원전 221년, 최초로 중국을 통일한 나라였어요. 진을 다스린 시황제는 전국을 군과 현으로 나누어 직접 뽑은 관리를 보내 다스렸어요. 문자와 화폐, 도량형을 하나로 통일하고 흉노족을 막기 위해 만리장성을 쌓았지요. 그러나 지나친 세금과 계속되는 큰 공사로 백성들의 불만이 폭발해 통일을 이룬 지 15년 만에 멸망했어요.

시황제 '최초의 황제'라는 뜻. 진의 시황제를 '진시황'이라고도 함.
도량형 물건의 길이나 무게를 재는 기준.

고조선은 어떻게 멸망했나요?

공부한 날짜: ☐ 월 ☐ 일

우거왕 고조선의 마지막 왕. 주변 나라와 한의 중계 무역을 독점했음. 이에 한 무제가 침입하자 싸움을 벌였으나 결국 자객에게 죽임을 당함.
교역하다 나라와 나라가 서로 물건을 사고팔거나 교환하다.

한이 고조선을 침략하다

위만의 손자인 우거왕이 왕위에 올랐을 무렵, 고조선은 넓은 영토를 가진 힘센 나라로 성장해 있었어요. 그리고 고조선 주변에는 크고 작은 나라가 많았답니다. 중국에는 커다란 한이 들어서 있었고, 한반도 남쪽에는 작은 나라들이 있었지요. 고조선은 그 중간에 자리 잡고 있었어요.

'한반도 남쪽에 있는 여러 나라와 한나라는 서로 물건을 사고팔 때 반드시 우리나라를 지난다. 이를 잘 이용한다면 고조선을 더욱 부강한 나라로 만들 수 있을 것이다.'

우거왕은 한반도 남쪽의 여러 나라가 한과 직접 교역하는 것을 막고, 이들을 상대로 중계 무역을 벌였어요. 중계 무역은 다른 나라에서 산 물건을 또 다른 나라에 되파는 거예요. 고조선은 중계 무역으로 큰 이익을 얻었지요.

한은 고조선에 길을 열라고 했어요. 그러나 우거왕은 한의 요구를 들어주지 않았어요. 오히려 중국 북쪽의 유목 민족인 흉노와 손을 잡고 한을 견제했어요.

한은 고조선이 큰돈을 벌고, 세력을 키우는 것을 못마땅하게 여겼어요. 그래서 우거왕에게 사신을 보냈지요.

"한나라 황제께서 '고조선은 흉노와 관계를 끊고 한나라를 받들라!'고 전하라 하셨습니다."

우거왕은 그 말을 따를 수 없다고 했어요.

그러자 한이 곧바로 고조선에 쳐들어왔어요. 한의 군대는 두 무리로 나뉘어 고조선을 공격했어요. 5만 명의 군사가 육지로 몰려왔고, 7천 명의 군사는 배를 타고 바다를 건너왔지요.

고조선은 육지와 바닷길로 온 한의 군대를 모두 물리쳤지요.

유목 민족 가축이 먹을 만한 물과 풀밭을 찾아 떠돌아다니며 사는 민족.
흉노 중국의 이민족 가운데 진과 한 때 몽골고원에서 활약하던 기마 민족.
사신 임금이나 국가의 명령을 받고 외국에 사절로 가는 신하를 뜻함.

반짝퀴즈 Q1

우거왕 때 고조선은 한과 다른 나라 사이에서 □□ □□을/를 벌여 큰 이익을 얻었다.

☐ ☐ ☐ ☐

싫다고 전해라!

흉노와 관계를 끊고 한나라를 받들라.

한나라

51

왕검성
고조선의 도읍지예요. '왕검'이 '임금'을 뜻하므로, 왕검성은 '임금의 성'이라는 말이지요. 왕검성은 지금의 평양에 있었던 것으로 짐작해요.

항복하다 적이나 상대편의 힘에 눌리어 굴복하다.

고조선, 역사 속으로 사라지다

한은 고조선 침략을 멈추지 않았어요. 얼마 뒤, 다시 고조선에 쳐들어왔답니다. 엄청난 수의 군사들이 고조선으로 몰려왔어요. 어느새 도읍인 왕검성을 둘러싸고 공격을 퍼부었지요.

고조선 사람들은 성문을 닫아걸고, 힘껏 맞섰어요. 한과의 싸움은 1년 동안이나 계속되었답니다. 한의 황제는 고조선이 좀처럼 무너지지 않자, 다른 방법을 생각해 냈어요. 고조선의 관리들에게 한에 항복하면 많은 재산과 높은 벼슬을 주겠다고 했지요.

긴 싸움에 지쳐 있던 고조선 신하들은 의견이 둘로 나뉘었어요.

"이제 그만 항복합시다. 힘센 한나라를 이기긴 어렵소."

"무슨 소리요? 절대 한나라에 항복할 수 없습니다!"

우거왕은 한에 맞서 끝까지 싸워야 한다는 쪽이었지요. 그러자 항복을 주장한 신하들이 몰래 사람을 보내 우거왕을 죽였어요.

52

왕을 잃은 고조선 백성은 큰 슬픔에 잠겼지요. 하지만 왕검성의 문은 열리지 않았어요.

"우거왕의 뜻을 받들어 끝까지 한나라에 맞서 싸웁시다!"

고조선의 대신 성기가 사람들과 똘똘 뭉쳐서 한의 군대에 맞선 거예요. 한의 황제는 또다시 꾀를 냈어요. 이번에는 우거왕의 아들을 꾀어 대신 성기를 죽이고, 한에서 편히 살라고 했답니다.

결국 우거왕의 아들은 한의 꼬임에 넘어가고 말았어요. 대신 성기를 죽이고, 한에 항복했지요.

이로써 우리나라의 첫 국가였던 고조선은 기원전 108년, 역사 속으로 사라졌어요. 나라를 잃은 고조선 백성은 한으로 끌려가거나 새로이 살 곳을 찾아 길을 떠나기도 했지요.

대신 '큰 관리'를 뜻하는 말로, 고조선의 고급 관리였음.

반짝퀴즈

고조선은 □의 침략에 맞서 싸웠으나 끝내 멸망하고 말았다.

Q2

★ 고조선의 멸망

- 고조선은 중국의 한과 한반도 남쪽의 나라들 사이에서 중계 무역을 벌여 많은 이익을 얻었다.
- 고조선이 세력을 키우는 것을 못마땅하게 여긴 한이 고조선을 침략했다.
- 처음에는 고조선이 한의 침략을 물리쳤으나, 한이 다시 고조선으로 쳐들어와 싸움이 벌어졌다.
- 고조선은 1년 동안 한의 공격을 버텼으나, 지배층 사이에 분열이 일어나 우거왕이 죽었다.
- 고조선은 대신 성기를 중심으로 계속 저항을 이어 갔으나 결국 멸망했다(기원전 108년).

1 다음 (가)에 공통으로 들어갈 내용은 무엇입니까? (   )

우거왕은 한반도 남쪽의 나라들과 한이 직접 교역하는 것을 막았다. 그리고 이들을 상대로 [(가)]을 벌였다. [(가)]이란 다른 나라에서 산 물건을 또 다른 나라에 되파는 것이다.

① 대송 무역　　　② 공정 무역　　　③ 대외 무역

④ 해상 무역　　　⑤ 중계 무역

2 다음 중 한이 고조선을 침략한 까닭을 알맞게 말한 친구에게 ○표 하세요.

(1) 고조선이 한에게 흉노와의 관계를 끊으라고 했기 때문이야.

(   )

(2) 우거왕이 한에 사신을 보내 고조선을 받들라고 했기 때문이야.

(   )

(3) 고조선이 중계 무역으로 큰 이익을 얻고 세력을 키웠기 때문이야.

(   )

(4) 고조선이 한반도 남쪽에 있는 나라들을 모두 정복했기 때문이야.

(   )

3 선생님의 질문에 대한 학생의 답으로 알맞지 <u>않은</u> 것은 무엇입니까? (   )

2주 2일
학습 끝!

붙임 딱지 붙여요.

카드 세계사

고조선이 멸망한 이후, 중국의 한은 고조선 땅에 한의 4개 군인 낙랑군, 진번군, 현도군, 임둔군의 '한사군'을 설치했어요. 한이 한사군을 설치해 고조선 땅을 다스리려고 하자, 나라를 잃은 고조선 사람들이 강하게 반발했어요. 결국 진번군과 임둔군은 얼마 가지 않아 사라지고, 현도군도 서쪽으로 옮겨 갔지요. 마지막까지 남아 있던 낙랑군은 313년 고구려 미천왕에 의해 멸망했답니다.

한 진 다음으로 중국을 통일한 나라.

부여와 고구려는 어떤 나라였나요?

공부한 날짜: ☐월 ☐일

★✦★
마가, 우가, 구가, 저가
마가의 마는 '말', 우가의 우는 '소', 저가의 저는 '돼지', 구가의 구는 '개'를 뜻해요. 부여에서는 동물의 이름을 넣어서 관리의 이름을 지었어요.
부여는 추운 지역에 자리 잡고 있었어요. 부여 사람들은 농사를 짓기도 했지만 소나 말, 돼지 같은 가축을 길러 양식으로 먹고 가죽도 얻었어요. 부여 사람들에게는 가축이 무척 중요했지요. 그래서 관리의 이름도 가축의 이름을 넣어 지은 것이랍니다.

쑹화강 중국 둥베이 지방 지린성 및 헤이룽장성을 흐르는 강을 이름.

한반도 두 번째 나라 부여가 들어서다

고조선이 멸망할 무렵, 만주와 한반도 곳곳에 여러 나라가 들어섰어요. 부여는 우리나라 역사상 두 번째 나라인데, 고조선이 멸망하기 얼마 전에 세워졌어요. 만주 쑹화강 근처의 넓고 평평한 들판에 자리 잡고 있었지요.

부여의 위치

부여는 다섯 부족이 힘을 합해 만든 나라였어요. 크게 다섯 지역으로 나뉘어 있었는데, 왕은 가운데 지역만을 다스렸어요. 나머지 네 지역은 마가, 우가, 저가, 구가라는 우두머리가 각각 맡아서 다스렸지요. 이 '가'들이 다스린 네 지역을 일컬어 '사출도'라고 해요.

'가'들은 지역을 맡아서 다스릴 뿐 아니라, 왕을 뽑는 일도 했어요.

또, 가뭄이나 홍수가 나서 농사가 제대로 되지 않으면 왕을 쫓아내거나 죽이기도 했답니다. 그만큼 부여에서는 왕의 힘이 약했고, 반면 '가'들의 힘이 셌지요.

고조선처럼 부여에도 법이 있었어요. '사람을 죽인 자는 죽이고, 그 가족은 노비로 삼는다.'는 조항에서 부여의 법이 무척 엄격했고, 부여에 신분제가 있었다는 것을 알 수 있어요. 또, '도둑질한 자는 12배로 물어 주어야 한다.'는 조항에서는 개인의 재산을 중요하게 여겼다는 것을 알 수 있지요.

부여에는 '순장'이라는 풍습도 있었어요. 순장은 신분이 높은 사람이 죽었을 때 거느리고 있던 사람들을 함께 무덤에 묻는 풍습이에요. 부여에서는 사람이 죽으면 또 다른 세상에서 계속 살아간다고 생각했어요. 그래서 죽은 사람이 저세상에서 부릴 사람들을 함께 묻은 것이지요.

한편, 부여에서는 매년 12월이 되면, '영고'라는 제천 행사가 열렸어요. 이때 사람들은 한 해 동안 거두어들인 곡식과 가축을 하늘에 바치며 제사를 지냈고 춤과 노래, 놀이를 하며 다 함께 즐겼어요.

제천 하늘에 제사를 지냄.

Q1

반짝퀴즈

부여에서는 신분이 높은 사람이 죽었을 때 거느리던 사람들을 함께 묻는 □□(이)라는 풍습이 있었다.

59

졸본 땅에 고구려가 들어서다

데릴사위제가 생긴 까닭
고구려에 데릴사위제라는 독특한 결혼 풍습이 생긴 까닭은 고구려가 노동력을 중요하게 여기는 사회였기 때문이에요. 결혼을 해서 신부가 신랑의 집으로 가게 되면, 신부 집에는 그만큼 일을 할 사람이 줄어들어요. 그래서 신랑이 신부 집에 한동안 살면서 일을 해 주었지요.

계승 조상의 전통이나 문화유산, 업적 등을 물려받아 이어나감.
무예 무인이 여러 가지 방법으로 무기를 다루는 기술.

고구려는 기원전 37년에 부여의 남쪽에 들어선 나라예요. 부여에 살던 주몽이 무리를 이끌고 졸본으로 내려와 그곳에 있던 다섯 부족을 뭉쳐 고구려를 세웠지요. 그래서 고구려는 부여와 비슷한 점이 많아요.

부여에 '가'가 있었던 것처럼 고구려에도 '대가'라고 하는 부족의 대표들이 있었어요. 대가들은 강한 힘을 갖고 있었는데, 나랏일을 의논하기 위해 '제가 회의'라는 회의를 열었어요. 왕위 계승 문제, 전쟁 문제 등 갖가지 중요한 일이 제가 회의에서 결정되었지요.

고구려가 들어선 곳은 산이 많고, 농사지을 수 있는 땅이 적었어요. 고구려는 먹을거리를 얻고, 농사지을 땅을 넓히려고 주변 나라와 자주 전쟁을 벌였어요. 그래서 고구려 사람들은 무예 익히는 것을 중요하게 여겼고, 말을 타고 활을 쓰는 솜씨도 뛰어났답니다.

고구려도 부여처럼 제천 행사를 열었어요. 고구려의 제천 행사는

'동맹'이라고 하지요. 동맹은 매년 10월에 열렸는데, 왕과 모든 신하가 한자리에 모여서 하늘 신에게 감사 기도를 올리고, 풍년을 기원했지요. 이때 땅의 신과 농사를 돕는 여러

주몽이 고구려를 세웠던 졸본의 오녀산성

데릴사위제 혼인이 이루어지면 남자가 여자의 집에서 살던 혼인 풍습.

신의 제사도 함께 지냈답니다. 고구려 백성은 동맹 날을 잔칫날처럼 즐겁게 보냈어요. 마을 사람들이 한자리에 모여 노래를 부르고 춤을 추었지요.

한편, 고구려에는 결혼과 관련한 독특한 풍습이 있었어요. 남녀가 결혼을 하면, 신랑이 신부의 집 뒤에 작은 집을 짓고 함께 살았어요. 그 집을 '서옥'이라고 부르는데, 서옥은 '사위의 집'이라는 뜻이지요. 그러다 어느 정도 세월이 흐르면, 남편이 부인과 아이들을 데리고 자신의 집으로 돌아가 살았답니다. 이런 풍습을 '데릴사위제' 또는 '서옥제'라고 하지요.

반짝퀴즈 Q2

고구려는 □□이/가 다섯 부족을 뭉쳐 세운 나라이다.

장인어른, 힘 드시죠?

사위 잘 봤군.

새참이오~

⭐ 부여와 고구려

- 부여는 다섯 부족이 힘을 합해 만든 나라였다.
- 부여는 가운데 지역만 왕이 다스리고 나머지 지역은 마가, 우가, 저가, 구가가 다스렸다.
- 부여에는 엄격한 법과 순장 풍습이 있었고, 매년 12월에 영고라는 제천 행사를 열었다.
- 고구려는 주몽이 다섯 부족을 뭉쳐 세운 나라였다(기원전 37년).
- 고구려는 매년 10월에 동맹이라는 제천 행사를 열었고, 데릴사위제라는 풍습이 있었다.

1 다음 ⑺에 알맞은 나라는 어디입니까? ( )

⑺ 은/는 만주 쑹화강 근처의 넓고 평평한 들판에 자리 잡고 있었으며 크게 다섯 지역으로 나뉘어 있었다.

왕은 가운데 지역을 다스렸고, 나머지 네 지역은 마가, 우가, 저가, 구가가 각각 맡아서 다스렸다.

① 옥저   ② 동예   ③ 부여

④ 고조선   ⑤ 고구려

2 다음 중 데릴사위제에 대해 알맞게 말한 친구의 이름을 쓰세요.

진주   데릴사위제를 다른 말로 '민며느리제'라고 해.

정훈   고구려에 있었던 장례와 관련된 풍습이야.

하은   결혼을 하면 신랑이 신부 집에서 살다가 아이가 자라면 함께 신랑의 집으로 돌아가는 풍습이야.

( )

3 다음 (가), (나)에 들어갈 제천 행사를 쓰세요.

2주 3일
학습 끝!

붙임 딱지 붙여요.

(1) (가): ( ) (2) (나): ( )

카드 세계사

옥타비아누스, 악티움 해전에서 승리하다

카스트로 로렌조, 「악티움 해전」

고구려가 들어설 무렵, 로마의 악티움 앞바다에서는 '악티움 해전'이라는 큰 전투가 벌어졌어요. 당시 로마의 권력자였던 옥타비아누스와 안토니우스는 최고 권력자가 되기 위해 악티움 앞바다에서 맞붙었지요. 안토니우스는 이집트의 여왕 클레오파트라와 손잡고 옥타비아누스를 공격했어요. 그러나 전투에서 패하자 죽음을 택했지요. 승리한 옥타비아누스는 권력을 모두 거머쥐며 전성기를 이끌었어요.

옥타비아누스 로마 제국 초대 황제. 로마의 황금기를 이끌었음.

옥저와 동예, 삼한은 어떤 나라였나요?

공부한 날짜: ☐월 ☐일

옥저의 가족 공동 무덤
옥저에서는 가족 중 한 사람이 죽으면, 임시로 시신을 묻었어요. 시간이 지나면 뼈만 남게 되는데, 이 뼈를 잘 추려서 커다란 나무 상자에 넣었지요. 이런 식으로 세상을 떠난 가족의 뼈를 모두 같은 나무 상자에 담아 무덤을 만들었어요.

군장 부족의 우두머리.
예물 고마움을 나타내거나 예의를 갖추기 위하여 보내는 돈이나 물건.

한반도 동해안에 옥저와 동예가 자리잡다

고조선이 사라지고 부여와 고구려가 들어설 무렵, 동해안에는 옥저와 동예라는 작은 나라들이 있었어요. 두 나라는 부여, 고구려와 달리 왕이 없었어요. 군장이 각 부족 사람들을 다스렸지요.

옥저는 함경도 동해안에 자리 잡고 있었어요. 바다와 가까워서 해산물이 많이 났고, 소금도 만들 수 있었지요. 땅이 기름져서 농사짓기도 좋았답니다.

옥저에는 독특한 결혼 풍습이 있었어요. 열 살쯤 된 여자아이를 장차 결혼할 신랑의 집에서 데려다 일을 가르치며 키웠어요. 여자아이가 다 자라서 자신의 집으로 돌아오면 신랑이 찾아와 예물을 주고 혼례를 올린 뒤, 다시 데려갔지요. 이런 풍습을 '민며느리제'라고 해요. 옥저에서는 주로 가난한 집에서 딸을 민며느리로 보냈어요.

옥저는 장례 풍습도 독특했어요. 큰 나무 상자에 죽은 가족의 뼈를 함께 묻는 '가족 공동 무덤'을 만들었답니다.

동예는 강원도 북쪽 동해안에 자리 잡고 있었어요. 동예 사람들은 산과 강을 경계로 각 부족이 사는 곳을 나누었어요. 자기 부족의 산과 강을 무척 중요하게 여겨 다른 부족의 사람이 함부로 들어오지 못하게 했어요. 만일 허락 없이 들어오면 소나 말로 배상해야 했지요. 이 벌칙을 '책화'라고 해요.

철기 시대 한반도의 나라들

배상하다 남의 권리를 침해한 사람이 그 손해를 물어 주다.
특산물 자연환경에 따라 어떤 지역에서만 나오거나 특별히 많이 생산되는 것.

동예는 단궁과 과하마, 반어피로 유명했어요. 단궁은 동예 사람들이 만든 작은 활로, 화살이 멀리까지 잘 날아갔어요. 과하마는 과일나무 아래를 지나갈 수 있을 만큼 몸집이 작은 말인데, 무척 튼튼했답니다. 그리고 반어피는 바다표범의 가죽이에요. 동예의 이 세 가지 특산물은 다른 나라에서도 인기가 최고였답니다.

동예에서는 해마다 10월에 '무천'이라는 제천 행사도 열었어요. 부여나 고구려처럼 사람들이 모여서 하늘에 제사를 지낸 뒤, 즐겁게 춤을 추고 노래를 불렀지요.

반짝퀴즈 Q1

동해안에 자리 잡은 나라인 □□에는 '민며느리제'라는 결혼 풍습이 있었다.

책화 몰라? 말 이리 내!

우리 부족 땅에 함부로 들어오다니!

동예

삼한에서 성장한 나라들

마한은 오늘날의 경기도, 충청도, 전라도를 아우르는 지역에 자리 잡고 있었어요. 마한의 대표는 목지국이었는데, 나중에 백제가 들어서서 목지국을 흡수했어요.

진한은 낙동강 동쪽에 있던 나라인데, 사로국이 진한의 대표였어요. 사로국은 나중에 신라로 발전하지요.

변한은 낙동강 서쪽에 있었어요. 변한은 훗날 구야국(금관가야)을 중심으로 한 가야가 되었답니다.

비옥하다 땅에 양분이 많고 기름지다.

한반도 남쪽에 삼한이 자리 잡다

이 무렵 한반도 남쪽에는 마한과 진한, 변한이 있었어요. 이들을 통틀어 '삼한'이라고 부르지요. 마한과 진한, 변한은 여러 개의 작은 나라로 이루어져 있었어요. 마한은 54개, 진한과 변한은 각각 12개의 나라로 이루어져 있었답니다.

삼한이 자리 잡은 한반도 남쪽은 기후가 따뜻하고 땅이 비옥했어요. 그래서 삼한 사람들은 대부분 농사를 짓고 살았어요. 특히 벼농사를 많이 지었어요. 벼농사를 지으려면 물이 많이 필요해요. 가뭄이 들면 벼농사를 지을 수 없었지요. 그래서 삼한 사람들은 곳곳에 물을 모아 두는 저수지를 만들어 농사에 이용했어요.

삼한 사람들은 농사를 지을 때 철로 만든 농기구를 사용했는데, 변한에는 철의 재료인 철광석이 많이 났어요. 변한에서 만든 철은 품질도 좋아 다른 나라에 수출하기도 했어요.

삼한에서는 일 년에 두 번이나 제천 행사를 열었어요.

소도에서 유래한 것으로, 마을 입구에 전통적으로 세워진 솟대

삼한 사람들은 대부분 농사를 짓고 살았기 때문에 날씨가 무척 중요했어요. 그래서 5월에는 풍년을 비는 '5월제'를, 10월에는 곡식을 거두어들이며 하늘에 감사하는 '10월제'를 열었지요.

삼한에는 나라를 다스리는 정치적 지배자인 군장과 종교적인 일을 맡은 제사장이 따로 있었어요. 제사장을 '천군'이라고 불렀지요. 천군이 하늘에 제사 지내는 곳을 '소도'라고 했답니다. 소도는 신성한 곳이었어요. 그래서 이를 알리기 위해 큰 나무를 세우고 북과 방울을 매달아 놓았어요. 소도에는 법이 미치지 않았고, 천군의 허락 없이는 군장이나 군대도 함부로 들어갈 수 없었어요. 그래서 죄를 짓고 몰래 소도로 숨어드는 사람도 있었대요.

반짝퀴즈

Q2

한반도 남쪽의 마한, 진한, 변한을 함께 일컬어 □□(이)라고 부른다.

소도는 아무나 들어갈 수 없는 특별한 곳이야!

아버지, 소도에 가 보고 싶어요.

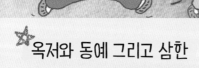

☆ 옥저와 동예 그리고 삼한

- 옥저와 동예는 동해안에 자리 잡고 있었는데, 왕이 없었고 군장이 각 부족 사람들을 다스렸다.
- 옥저는 민며느리제라는 풍습이 있었으며, 가족 공동 무덤을 만들었다.
- 동예에는 책화라는 풍습이 있었고, 매년 10월에 무천이라는 제천 행사를 열었다.
- 삼한에서는 벼농사를 많이 지었으며 변한은 철로 유명했다.
- 삼한에서는 5월과 10월에 제천 행사를 열었고, 정치적 지배자와 제사장이 따로 있었다.

1 다음 중 옥저에 해당하는 내용에 ○표 하세요.

(1) 특산물로 단궁, 과하마 그리고 반어피가 있었다. (　　　)

(2) 민며느리제라는 결혼과 관련한 풍습이 있었다. (　　　)

(3) 정치적 지배자와 종교적 제사장이 따로 있었다. (　　　)

2 다음 세 친구가 이야기하는 '이곳'은 어디인지 쓰세요.

마을 입구에 세워진 솟대

 '이곳'은 천군이 하늘에 제사를 지내는 곳이야.

 '이곳'에는 법이 미치지 않아서 죄를 짓고 몰래 숨어드는 사람도 있었대.

 '이곳'이 신성한 곳이라는 것을 알리기 위해 커다란 나무에 북과 방울을 매달아 놓았어.

(　　　　　　　　　)

3 다음 가상 광고를 만든 나라는 어디입니까? (   )

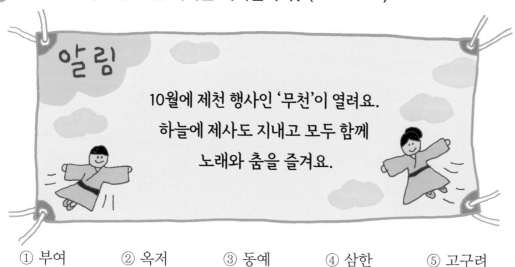

알림

10월에 제천 행사인 '무천'이 열려요.
하늘에 제사도 지내고 모두 함께
노래와 춤을 즐겨요.

① 부여   ② 옥저   ③ 동예   ④ 삼한   ⑤ 고구려

2주 4일
학습 끝!

붙임 딱지 붙여요.

카드 세계사

크리스트교의 창시자, 예수가 태어나다

마티아스 스토머, 「목자 숭배」

한반도에 여러 나라가 들어설 무렵, 팔레스타인 지방의 갈릴리에서는 예수가 태어 났어요. 예수는 우리가 흔히 '기독교'라고 부르는 '크리스트교'를 만든 인물이에요. 크리스트교는 세상을 창조한 하나님을 유일한 신으로 믿는 종교예요. 또, 하나님 의 아들인 예수가 사람들을 구원하기 위해 세상에 왔다고 믿으며, 그의 말을 따르 지요. 크리스트교는 세계에서 신자가 가장 많은 종교랍니다.

신자 종교를 믿는 사람.

공부한 날짜: ☐월 ☐일

고구려와 백제, 신라, 그리고 가야는 어떻게 세워졌나요?

주몽이 고구려를, 온조가 백제를 세우다

만주와 한반도에 들어선 여러 나라의 뒤를 이어 고구려와 백제, 신라, 그리고 가야가 세워졌어요. 먼저 고구려의 신비로운 건국 이야기부터 만나 볼까요?

부여의 금와왕이 산에서 한 여인에게 홀로 있는 까닭을 물었어요. "저는 물의 신 하백의 딸 유화로 하늘 신의 아들인 해모수와 혼인했지요. 그런데 아버지가 허락 없이 혼인을 했다며 내쫓았어요."

금와왕이 유화 부인을 궁궐로 데려온 지 얼마되지 않아 유화 부인이 알을 낳았어요. 이를 불길하게 여긴 금와왕이 알을 버렸지만, 짐승들이 버려진 알을 보호했지요. 놀란 금와왕이 알을 다시 유화 부인에게 돌려주자, 며칠 뒤 알에서 남자아이가 나왔어요.

이 아이는 어려서부터 활 솜씨가 뛰어나 '활을 잘 쏘는 사람'이라는 뜻의 '주몽'으로 불렸지요. 금와왕이 주몽을 아끼자 금와왕의 아들들인 일곱 왕자가 주몽을 질투해 죽이려고 했어요. 주몽은 부여를 떠나 졸본에 도착해 '고구려'를 세웠지요.

주몽은 활을 너무 잘 쏴.

68

다음 백제의 건국 이야기는 고구려와 이어져 있어요.

고구려를 세운 주몽에게는 비류와 온조라는 아들들이 있었어요. 그런데 어느 날, 주몽이 부여에서 낳은 아들 '유리'가 주몽을 찾아왔어요. 주몽은 유리에게 왕위를 물려주기로 했어요.

비류와 온조는 새로운 나라를 세우려고 고구려를 떠나 남쪽으로 내려왔어요. 동생 온조는 한강 남쪽 땅이 마음에 들었어요. 그곳에 '십제'라는 나라를 세우고 위례성을 도읍으로 삼았지요.

형 비류는 서쪽 바닷가 마을인 미추홀이 마음에 들었어요. 그곳에 나라를 세우려고 했지요. 하지만 미추홀은 땅에 소금기가 많아 농사가 잘되지 않았어요. 시름에 잠긴 비류는 결국 나라를 세우지 못한 채 세상을 떠나고 말았지요.

비류가 죽자 미추홀의 백성은 온조가 다스리는 위례성으로 갔어요. 온조는 미추홀의 백성을 받아들이고, 나라 이름을 '백제'로 바꾸었답니다.

졸본 고구려의 첫 수도로서 지금의 중국 랴오닝섬 환인 지역으로 추측됨.
위례성 백제 초기의 도읍지. 백제의 시조 온조왕이 이곳에 도읍을 정했음.
미추홀 인천광역시 일대의 고구려 때 이름. 비류가 차지한 백제 초기의 도읍지임.

Q1
반짝퀴즈

□□은/는 부여를 떠나 졸본에 도착해 고구려를 세웠다.

우리 미추홀 백성을 받아 주십시오!

오냐, '백성이 즐거이 따른다'는 뜻의 '백제'로 나라 이름을 바꾸겠다.

69

신라 '박혁거세'와 가야 '김수로'에 담긴 뜻

박혁거세에서 '박'은 성씨로, 박처럼 둥근 알에서 나왔다고 해서 붙여졌어요. 이름인 '혁거세'는 '세상을 밝게 다스린다.'는 뜻이지요.

김수로는 황금 상자에서 나와서 성을 '김'이라고 붙였어요. 김(金)이 한자로 황금을 뜻하거든요. '수로'라는 이름은 '세상에 처음 나타났다.'라는 뜻이랍니다.

사로국 신라의 옛 이름.
구지봉 경상남도 김해시에 있는 산.

알에서 태어난 왕이 신라와 가야를 세우다

신라는 지금의 경주 지역에 있던 사로국의 건국 이야기에서 시작했어요. 어느 날 여섯 마을의 촌장들이 하늘에서 내려오는 빛을 보았어요. 그곳에 가 보니 우물 옆에 하얀 말은 하늘로 날아가고 그 자리에 붉

박혁거세가 태어난 우물로 알려진 경주 나정

은 알만 남았어요. 그 알이 갈라지며 사내아이가 나왔답니다.

촌장들이 아이를 목욕시키자 몸이 빛나고, 짐승들이 춤추며 하늘과 땅이 흔들렸어요. 촌장들은 아이에게 '박혁거세'라는 이름을 지어 주었고, 후에 박혁거세는 여섯 마을을 뭉쳐 사로국을 세웠어요.

마지막으로 변한 지역에 있던 가야의 건국 이야기예요.

어느 날, 아홉 마을의 족장들이 구지봉에서 거북 노래를 부르며 춤을 추면 왕을 맞을 것이라는 하늘의 소리를 들었어요. 족장들이 그대로 하자 붉은 보자기에 싸인 황금 상자가 내려왔어요. 며칠 뒤 상자에 있던 여섯 개의 황금 알에서 여섯 아이가 태어났어요. 족장들은 가장 먼저 태어난 아이에게 '김수로'라는 이름을 붙여 주었어요.

후에 김수로는 금관가야의 왕이 되었고, 나머지 아이들도 다섯 가야의 왕이 되었지요.

이처럼 고구려는 부여에서 내려온 주몽이 세웠어요. 백제는 고구려에서 내려온 온조가 세웠지요. 신라는 박혁거세, 가야의 대표인 금관가야는 김수로가 세웠답니다.

삼국과 가야의 위치

자부심 자기 자신 또는 자기와 관련되어 있는 것에 대하여 스스로 그 가치나 능력을 믿고 당당히 여기는 마음.

그런데 고구려와 신라, 가야의 건국 이야기에는 공통점이 있어요. 바로 나라를 세운 왕이 알에서 태어났다는 거예요. 알은 태양을 뜻하므로, 알에서 태어난 왕은 태양처럼 빛나는 존재라는 거예요.

또, 옛사람들은 하늘을 날아다니는 새가 하늘의 뜻을 전한다고 생각했어요. 그러니 알에서 태어난 왕을 하늘 신의 자손으로 여겼지요. 삼국과 가야 사람들은 신비로운 건국 이야기를 통해서 자신이 사는 나라가 특별하다는 자부심을 가졌어요.

Q2
반짝퀴즈

고구려와 신라, 가야의 건국 이야기에서 나라를 세운 왕들은 □에서 태어났다는 공통점이 있다.

★ **고구려와 백제, 신라 그리고 가야의 건국**

• 알에서 태어난 주몽은 부여에서 내려와 졸본에 고구려를 세웠다(기원전 37년).

• 온조는 주몽의 아들로, 고구려에서 내려와 한강 유역에 백제를 세웠다(기원전 18년).

• 박혁거세는 알에서 태어났으며, 경주 지역에 신라를 세웠다(기원전 57년).

• 김수로는 알에서 태어났으며, 금관가야를 세웠다(42년).

• 나라를 세운 왕이 알에서 태어났다는 것은 하늘 신의 자손이자 태양처럼 특별한 존재임을 뜻한다.

1 다음 인물들이 세운 나라를 선으로 이으세요.

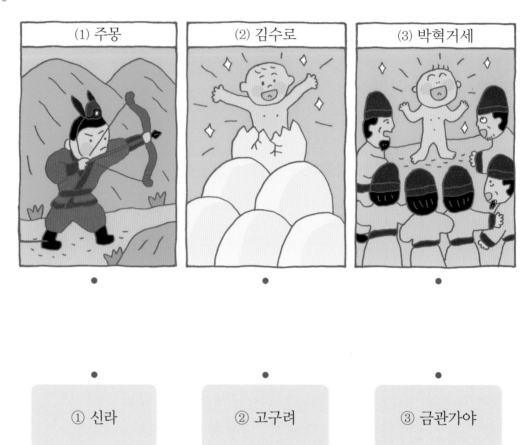

| (1) 주몽 | (2) 김수로 | (3) 박혁거세 |

① 신라　　　　② 고구려　　　　③ 금관가야

2 다음 내용이 삼국과 가야의 건국 이야기로 맞으면 ○표, 틀리면 X표 하세요.

(1) 온조는 알에서 태어났으며, 미추홀에 나라를 세웠다.　　　　　　(　　)

(2) 김수로는 부여에서 살다 남쪽으로 내려가 나라를 세웠다.　　　　(　　)

(3) 주몽은 유화와 해모수 사이에서 난 아들로, 알에서 태어났다.　　(　　)

(4) 알에서 태어난 박혁거세를 목욕시키자, 몸에서 빛이 나고 짐승들이 춤추며
　　땅이 흔들렸다.　　　　　　　　　　　　　　　　　　　　　　(　　)

3 다음과 같은 건국 이야기가 전해지는 나라는 어디입니까? (   )

첫 번째 장면	두 번째 장면	세 번째 장면

고구려를 떠나는 비류와 온조 형제	정착할 곳을 살피는 비류와 온조 형제	한강 유역에 정착하여 나라를 세우는 온조

2주 5일 학습 끝!

붙임 딱지 붙여요.

① 부여   ② 신라   ③ 삼한   ④ 가야   ⑤ 백제

카드 세계사

네로, 로마 제국의 황제가 되다

삼국과 가야가 세워질 무렵, 로마 제국에서는 네로가 황제의 자리에 올랐어요. 네로 황제는 처음에 로마를 잘 다스렸지만, 점점 사람들을 함부로 죽이며 폭정을 일삼았어요. 특히 64년 로마에서 큰 화재가 일어나자 크리스트 교도들을 범인으로 몰아 마구 처형했지요. 결국 네로 황제의 폭정을 참지 못한 사람들이 반란을 일으켰고, 네로는 스스로 목숨을 끊었어요.

폭정 포악한 정치.
크리스트 교도 크리스트 교를 믿는 사람이나 그 무리를 이름.

PART 3

삼국과 가야의 발전

한반도에 자라난 고구려와 백제, 신라와 가야는 무럭무럭 성장해 나갔어요.
중국에서 전해진 불교를 받아들이고 왕권을 튼튼히 만들며 나라의 기틀을
다졌지요. 삼국과 가야는 서로 전쟁을 벌이거나 서로 힘을 합하면서
나라를 키워 나갔어요. 삼국과 가야가 어떻게 발전해 나갔는지 함께 살펴봐요.

14
가야는 어떤
나라였나요? _94쪽

15
삼국은 어떻게 불교를
받아들였나요? _100쪽

공부한 날짜: ☐월 ☐일

백제가 어떻게 삼국 가운데 가장 먼저 발전했나요?

백제의 관리 등급
고이왕은 관리들을 1품에서 16품까지 나누었어요. 가장 높은 등급인 1품 관리는 여섯 명이었는데, '좌평'이라고 불렸지요.
그리고 1품에서 6품까지의 관리는 자주색 옷을 입었고, 7품에서 11품까지의 관리는 붉은색, 12품에서 16품까지의 관리는 파란색 옷을 입었답니다.

1~6품   7~11품   12~16품

유역 강물이 흐르는 언저리.

빠르게 발전하며 나라의 기틀을 잡다

온조가 세운 백제는 삼국 가운데 가장 먼저 발전하기 시작했어요. 백제가 한강 근처에 자리 잡고 있었던 덕분이었지요. 한강 유역의 땅은 넓고 기름져서 농사짓기에 좋았어요.

또한 한강에서 배를 띄우면 강물을 따라 한반도 서쪽 바다인 황해에 쉽게 다다랐어요. 황해를 건너 중국을 오갈 수 있었지요. 그러니 백제는 한강과 이어지는 바닷길을 이용해 중국의 앞선 문물도 빠르게 받아들일 수 있었답니다.

처음 백제가 세워졌을 때만 해도 백제는 마한에 속한 작은 나라였어요. 50여 개의 나라로 이루어진 마한에서 가장 힘센 나라는 목지국이었지요. 그러나 백제는 점점 힘을 키우며 마한의 작은 나라들을 차지해 나갔어요. 백제의 8대 왕인 고이왕이 다스리던 시절에는 마한에서 가장 큰 나라인 목지국을 손에 넣었지요.

고이왕은 백제의 영토를 넓히는 한편, 나라를 잘 다스렸어요. 더 많은 곡식을 기를 수 있도록 남쪽의 땅을 일구어 논으로 만들게 했어요. 가뭄이 들어 백성이 굶주리자, 창고를 열어 먹을 것을 나누어 주었지요. 일 년 동안 세금도 거두지 않았답니다.

고이왕은 나라의 기틀을 마련하기 위한 노력도 기울였어요. 먼저 '좌평'이라는 가장 높은 벼슬을 두어 나라의 일을 여섯 명의 좌평이 나누어 맡게 했어요. 나랏일을 하는 관리의 등급을 새롭게 정하고, 등급에 따라 관리가 입는 옷의 색깔도 정했어요. 또, 나랏일을 하는 관리가 제 욕심을 채우지 못하게 하는 법도 만들었지요.

"사람들에게 몰래 돈을 받는 관리는 엄히 다스리겠노라. 몰래 돈을 받은 자는 받은 돈의 세 배를 내놓아야 하며, 평생토록 자유롭게 돌아다닐 수 없을 것이다!"

이 법 때문에 백제의 관리들은 욕심을 버리고 나랏일을 열심히 했어요. 그래서 백제는 더욱 발전했답니다.

문물 정치, 경제, 종교, 예술, 법률 등의 문화에 관한 모든 것을 통틀어 이르는 말.
목지국 삼한 중 하나인 마한을 이끌던 나라로 현재 충남 직산 부근에 있었음.
등급 높고 낮음을 여러 층으로 구분한 단계.

반짝퀴즈

백제 □□□은/는 나랏일을 하는 관리의 등급을 새롭게 정했다.

백제의 칠지도

일본 나라현 이소노카미 신궁에는 일곱 개의 가지 모양으로 만들어진 칼이 보관되어 있어요. 이 칼을 '칠지도'라고 해요. 칠지도의 앞뒤 겉면에는 60여 개의 한자가 새겨져 있어요. 백제의 왕이 왜나라 왕에게 내려보낸 선물이라는 내용이 담겨 있지요.
이 칠지도는 백제와 왜의 교류를 보여 주는 증거예요.

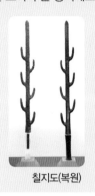

칠지도(복원)

세기 백 년을 1세기로 하여 연대를 세는 단위.
태자 임금의 자리를 이을 임금의 아들.
기습 공격하다 갑작스레 들이쳐 적을 치다.
전술 전쟁에 이기기 위한 여러 가지 기술과 방법.

백제, 전성기를 맞다

4세기 중반 근초고왕이 백제의 13대 왕이 되었어요. 근초고왕은 큰 뜻을 품은 뛰어난 인물이었어요.

'백제를 더욱 큰 나라로 키우리라!'

근초고왕은 군대를 이끌고 아직 남아 있는 마한의 나라들을 점령해 나갔어요. 왕위에 오른 지 20년 만에 마한을 모두 차지하고, 한반도의 서남쪽 지역까지 영토를 넓혔답니다.

그러자 한강 유역을 눈여겨보던 고구려의 고국원왕이 2만 명의 군사를 이끌고 백제에 쳐들어왔어요. 근초고왕은 태자에게 말했어요.

"고구려군의 힘이 만만치 않다. 네가 군사를 거느리고 싸우는 척하여라. 적들이 방심한 틈을 노려 내가 기습 공격할 것이다."

백제는 근초고왕의 뛰어난 전술로 고구려의 침략을 가볍게 물리쳤어요. 5천 명이나 되는 고구려 군사를 사로잡으며 승리했지요.

고구려와의 싸움에서 승리한 근초고왕은 2년 뒤 3만 명이나 되는 백제군을 이끌고 고구려의 평양성을 공격했어요.

평양성은 고구려에게 중요한 성이었어요. 고국원왕은 평양성을 지키기 위해 애썼지요. 그러다 백제군이 쏜 화살에 맞아 세상을 떠나고 말았답니다. 백제는 평양

백제의 전성기(4세기, 근초고왕)

동진 중국 진(晉) 후반에 해당하는 중국의 왕조.
전성기 어느 집단의 힘이 가장 강력하던 시기.

성을 빼앗지는 못했지만, 고구려 땅의 일부를 차지했어요.

영토를 크게 넓힌 근초고왕은 나라 밖으로 눈을 돌렸어요. 당시 중국에 있던 '동진'과 활발하게 교류하며 갖가지 물건과 앞선 기술을 백제로 들여왔답니다.

백제는 오늘날의 일본인 '왜'와도 가까이 지냈어요. 이 무렵 왜는 앞선 나라의 문물을 받아들이기 위해 노력했는데, 백제가 도움을 준 거예요. 근초고왕이 다스리던 백제는 가장 넓은 영토를 자랑하며 전성기를 맞았답니다.

반짝퀴즈 Q2

□□□□이/가 나라를 다스리던 시절, 백제는 가장 넓은 영토를 갖게 되었다.

★ 백제의 성장과 발전

- 백제는 한강 유역에 자리 잡고 있어 농사 짓기에 좋았다.
- 백제는 중국의 앞선 문물을 받아들여서 삼국 가운데 가장 먼저 발전했다.
- 고이왕은 목지국을 차지하는 한편, 관리의 등급을 마련하며 나라의 기틀을 잡았다.
- 근초고왕은 고구려를 공격해 북쪽으로 영토를 크게 넓혔고, 중국, 왜와 무역을 했다.
- 백제는 근초고왕이 다스리던 4세기 중반에 전성기를 맞았다.

1 다음 중 (가)에 들어갈 나라는 어디입니까? (   )

삼국 가운데 가장 먼저 발전한 (가) 에 대해 이야기해 보자.

한강 근처에 자리 잡고 있었어. 한강과 이어진 바닷길로 중국의 앞선 문물을 받아들였어.

처음에는 마한에 속한 작은 나라였어. 그러다 점점 힘을 키우며 마한의 작은 나라들을 차지했지.

① 신라   ② 백제   ③ 가야
④ 고구려   ⑤ 고조선

2 다음 고이왕이 한 일이 맞으면 ○표, 틀리면 X표 하세요.

나는 백제의 8대 왕인 고이왕이다. 나라의 기틀을 마련하기 위해 여러 가지 일을 했지.

(1) 좌평을 두어 나라의 일을 여섯 명의 좌평이 나누어 맡게 했다.   (   )

(2) 관리의 등급을 없애고 모든 관리가 똑같은 색깔의 옷을 입도록 했다.

(   )

(3) 나랏일을 하는 관리가 제 욕심을 채우지 못하게 하는 법을 만들었다.

(   )

3 다음 ㈎에 들어갈 왕은 누구입니까? (   )

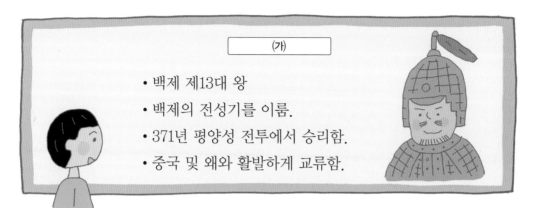

㈎
- 백제 제13대 왕
- 백제의 전성기를 이룸.
- 371년 평양성 전투에서 승리함.
- 중국 및 왜와 활발하게 교류함.

3주 1일
학습 끝!

붙임 딱지 붙여요.

① 온조왕　　　　② 고이왕　　　　③ 무령왕
④ 고국천왕　　　　⑤ 근초고왕

카드 세계사

중국, 삼국이 힘을 겨루다

백제의 고이왕이 나라의 기틀을 다질 무렵, 중국에서는 세 나라가 힘겨루기를 하고 있었어요. 후한이 멸망한 뒤에 '위', '촉', '오'라는 나라가 들어선 거예요. 중국에 들어선 세 나라도 우리나라의 삼국처럼 끊임없이 서로 전쟁을 벌였어요. 유비, 관우, 장비가 등장하는 『삼국지연의』가 바로 이때의 일을 바탕으로 지은 이야기랍니다. 『삼국지연의』는 우리가 흔히 『삼국지』라고 불러요.

삼국지 원래 위, 오, 촉의 역사를 기록한 중국의 역사책. 훗날 나관중이 『삼국지』를 읽고 『삼국지연의』라는 소설을 지었음.

고구려는 어떻게 드넓은 땅을 갖게 되었나요?

공부한 날짜: 　월　일

국내성

국내성은 고구려의 두 번째 도읍이에요. 고구려의 2대 왕인 유리왕은 졸본이 고구려의 도읍으로 좁다고 생각했어요. 그래서 국내성으로 도읍을 옮겼지요. 국내성은 오늘날 중국의 지안시에 있었던 것으로 짐작해요. 장수왕이 도읍을 평양으로 옮길 때까지 425년간 고구려의 도읍이었어요.

국내성 북쪽 성벽

광개토 대왕, 역사에 등장하다

주몽이 졸본에 세운 고구려는 주변의 작은 나라를 점령하며 부지런히 영토를 넓혀 나갔어요. 도읍을 국내성으로 옮기며 더욱 세력을 키웠지요. 하지만 4세기 중반, 고국원왕이 다스릴 무렵에는 여러 가지 어려움을 겪었어요. 중국 연(전연)이 침략해 왔고, 백제가 힘을 떨치며 고구려를 공격해 고국원왕이 목숨을 잃기도 했지요.

고국원왕의 뒤를 이은 소수림왕은 오랜 전쟁으로 어지러워진 나라를 바로잡기 위해 노력했어요. 나라에서 운영하는 학교인 '태학'을 세우고 유교를 바탕으로 뛰어난 인재를 길러 관리로 삼았어요. 나라를 잘 다스리기 위해 율령도 정했지요. 소수림왕 때부터 고구려도 율령에 따라 다스리는 나라가 되었답니다.

391년에는 광개토 대왕이 열여덟의 나이로, 고구려의 19대 왕이 되었어요. 나이는 어렸지만 광개토 대왕은 무척 용맹했어요.

'평양성을 공격해 할아버지를 죽인 백제를 용서할 수 없다!'

왕위에 오른 이듬해, 광개토 대왕은 군대를 이끌고 백제로 쳐들어 갔어요. 단숨에 열 개가 넘는 백제의 성을 점령하고, 백제에서 중요하게 여기는 관미성도 차지했지요. 백제는 관미성을 되찾겠다며 4년 동안 끊임없이 고구려를 공격했어요.

'백제의 힘을 완전히 꺾어 놓아야겠구나.'

396년, 광개토 대왕은 다시 백제로 쳐들어갔어요. 고구려군은 백제의 도읍인 위례성을 둘러싸고 공격을 퍼부었어요. 결국 백제를 다스리던 아신왕은 광개토 대왕 앞에 무릎을 꿇고 고구려의 신하가 되기로 했어요. 광개토 대왕은 백제의 성과 마을을 차지하며 한강 이북 땅을 모두 고구려의 땅으로 만들었답니다.

그런데 얼마 뒤, 신라의 사신이 광개토 대왕을 찾아왔어요.

"왜와 가야가 신라를 침략해 왔습니다. 이들을 물리쳐 신라를 구해 주십시오."

율령 형벌에 관한 법률과 그밖의 법률과 명령을 아울러 이르는 말로, 법률을 통틀어 부르는 이름임.

관미성 삼국 시대에, 예성강 남쪽 오두산성에 있었던 백제의 성. 백제의 수도 위례성을 지키는 성으로 군사적으로 아주 중요한 곳이었음.

Q1

반짝퀴즈

소수림왕은 나라에서 운영하는 학교인 □□을/를 세우고 인재를 길러 관리로 삼았다.

83

광개토 대왕릉비

장수왕은 아버지인 광개토 대왕의 업적을 기리기 위해 국내성 동쪽에 무덤을 만들고 그 옆에 돌 비석을 세웠어요. 이 비석은 높이가 6미터를 넘을 정도로 무척 크지요. 광개토 대왕릉비에는 고구려가 처음 세워진 이야기를 비롯해 광개토 대왕의 업적이 빼곡히 새겨져 있답니다.

광개토 대왕릉비

후연 중국 5호 16국 시대에 선비족이 세운 나라. 고구려와 끊임없이 대립했음.
요동 중국 랴오허강의 동쪽 지방. 지금의 랴오닝성 동남부 일대.

고구려가 가장 넓은 영토를 차지하다

광개토 대왕은 신라의 부탁을 들어주었어요. 고구려 군대는 신라로 달려가 왜군을 몰아냈어요. 가야로 도망친 왜군까지 쳐부수었지요. 이 일로 고구려는 신라와 가야에도 힘을 미치게 되었어요.

이제 광개토 대왕은 북쪽으로 눈을 돌렸어요. 당시 고구려의 서쪽에서는 연(후연)이 힘을 키우며 고구려를 위협하고 있었거든요.

402년, 광개토 대왕은 군대를 거느리고 연으로 쳐들어갔어요. 연과의 싸움에서 큰 승리를 거두며 요동 지방을 차지했지요. 그 뒤로도 광개토 대왕은 계속해서 고구려의 땅을 넓혀 나갔어요. 북쪽의 거란을 공격하고, 동부여를 무너뜨렸답니다.

고구려는 만주 벌판을 호령하는 큰 나라가 되었어요. 하지만 안타깝게도 광개토 대왕은 오래 살지 못했어요. 서른아홉의 젊은 나이로 세상을 떠났지요.

광개토 대왕의 뒤를 이어 장수왕이 고구려의 20대 왕이 되었어요. 장수왕은 광개토 대왕이 넓힌 영토를 다스리는 데 힘을 쏟았어요. 장수왕은 크게 넓어진 고구려를 잘 다스리려고 도읍을 국내성에서

남쪽인 '평양'으로 옮겼어요.
그리고 중국의 위(북위), 송
과 사이좋게 지냈지요.

　그런데 고구려가 도읍을
남쪽인 평양으로 옮기자, 두
려움을 느낀 백제와 신라가
손을 잡았어요. 게다가 백
제의 개로왕은 중국의 위(북
위)에 사신을 보내 고구려를
공격하자고 했지요.

고구려의 전성기(5세기, 광개토 대왕, 장수왕)

북위 선비족의 탁발부가 중국
화북 지역에 세운 북조 최초
의 왕조.
웅진 충청남도 공주를 부르는
옛 이름.

　이를 알게 된 장수왕은 백제로 쳐들어가서 불과 7일 만에 위례
성을 차지했어요. 백제의 개로왕은 목숨을 잃었고, 태자는 백성
을 이끌고 남쪽으로 내려가 웅진을 백제의 새 도읍으로 정했지
요. 이처럼 장수왕은 백제를 남쪽으로 밀어내며 영토를 크게 넓
혔어요. 광개토 대왕과 장수왕 때 고구려는 가장 넓은 영토를 갖
게 되었답니다.

Q2

반짝퀴즈

광개토 대왕과 □□□ 때 고구려
는 가장 넓은 영토를 차지했다.

□ □ □

고구려
땅이 얼마나
넓은지 아나?

알지,
알아.

★ 고구려의 성장과 발전

• 고구려는 주변 나라를 정복하며 영토를 넓혔고, 도읍을 국내성으로 옮기며 세력을 키웠다.

• 소수림왕은 태학을 세우고, 율령을 만들어 나라의 기틀을 다졌다.

• 광개토 대왕은 백제를 공격해 한강 이북을 점령하고, 만주 지역을 차지해 영토를 크게 넓혔다.

• 장수왕은 광개토 대왕릉비를 세우고 수도를 평양으로 옮겨 한반도 중부 지역까지 영토를 넓혔다.

• 고구려는 광개토 대왕과 장수왕이 다스리던 5세기에 영토를 크게 넓히며 전성기를 맞았다.

1 다음 세 친구가 이야기하는 인물은 누구입니까? (   )

 열여덟 살의 나이로, 고구려의 19대 왕이 되었어.

 백제를 공격해서 아신왕의 항복을 받아 냈지.

 거란과 동부여를 무너뜨리며 고구려의 영토를 북쪽으로 크게 넓혔어.

① 유리왕　　　　　　② 장수왕　　　　　　③ 고국원왕
④ 소수림왕　　　　　⑤ 광개토 대왕

2 다음에서 설명하는 '이 비석'의 이름을 쓰세요.

 '이 비석'은 장수왕이 아버지인 광개토 대왕의 업적을 기리기 위해 세웠어요. 비석에는 고구려가 처음 세워진 이야기를 비롯해 광개토 대왕의 업적이 빼곡히 새겨져 있지요.

(   )

40회 기출 응용

3 다음 그림에서 밑줄 친 '나'는 누구입니까? (   )

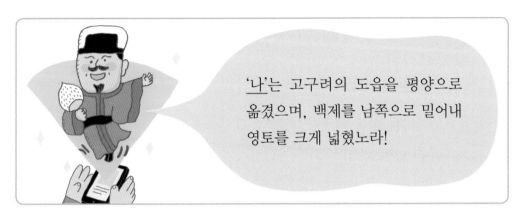

'나'는 고구려의 도읍을 평양으로 옮겼으며, 백제를 남쪽으로 밀어내 영토를 크게 넓혔노라!

3주 2일
학습 끝!

붙임 딱지 붙여요.

① 유리왕   ② 개로왕   ③ 장수왕
④ 소수림왕   ⑤ 광개토 대왕

카드 세계사

게르만족이 유럽으로 이동하다

소수림왕이 고구려를 다스릴 무렵, 게르만족의 대이동이 시작되었어요. 게르만족은 원래 북유럽의 발트해 연안에서 살던 민족으로, 4세기 말 즈음에는 로마 제국 주변에 많이 살고 있었어요. 그런데 이곳에 훈족이 쳐들어오자 게르만족은 훈족을 피해 로마 제국의 영토로 밀려들었어요. 당시 로마 제국은 나라가 혼란스러웠는데 게르만족까지 몰려들자 나라의 힘이 더욱 약해졌어요.

훈족 중앙아시아에 살던 유목 민족. 게르만족이 살던 지역을 점령하며 약탈을 벌였음.

신라는 왜 천천히 성장했나요?

공부한 날짜: ☐월 ☐일

신라에서 왕을 부르는 이름
신라에서는 나라를 다스리는 사람을 '왕'이 아닌 거서간, 차차웅, 이사금, 마립간 등으로 불렀어요.
나라를 세운 박혁거세는 '귀한 사람'이란 뜻의 '거서간'이라 불렀어요. 2대 왕은 '제사장'을 뜻하는 '차차웅'이라 불렀지요. 3대에서 16대 왕들은 '이가 많은 사람'이란 뜻의 '이사금', 이후 21대 왕까지는 '최고의 우두머리'라는 뜻의 '마립간'이라고 불렀답니다. 그러다 22대 지증왕 때부터 '왕'이라는 호칭을 사용했어요.

신라, 조금씩 발전하다

신라는 삼국 가운데 가장 더디게 자라났어요. 고구려와 백제는 중국을 쉽게 오가며 앞선 문물을 받아들였어요. 하지만 신라는 거리가 멀어 중국과 교류하기 불편했어요. 그러니 신라에는 앞선 문물도 천천히 전해졌지요.

500년, 지증왕이 왕위에 올랐을 때까지 신라 사람들은 왕을 '마립간'이라고 불렀어요. 신라를 '사로국'이라고 했지요. 지증왕은 나라 이름을 사로국에서 '날마다 새롭게 발전하는 나라'라는 뜻의 '신라'로 바꾸었어요. 마립간 대신 '왕'이라는 호칭도 사용했지요. 그리고 이사부 장군에게 명령해 '우산국'을 신라의 땅으로 만들었어요. 우산국은 오늘날의 울릉도와 독도랍니다.

지증왕 뒤를 이은 법흥왕은 율령을 정하고, 불교를 받아들였어요. 신라의 관리를 17등급으로 나누고, 등급에 따라 다른 색깔의 옷을

나라 이름을 '신라'라 하고 마립간 대신 '왕'이라 부르시오.

예이~ 예이~ 예이~ 예이~

입도록 했지요. 신라는 이렇게 나라의 기틀을 잡아 나갔답니다.

540년, 법흥왕이 세상을 떠나고 진흥왕이 신라의 24대 임금이 되었어요. 이때 진흥왕의 나이는 일곱 살이었어요. 나라를 다스리기에는 너무 어렸기 때문에 진흥왕이 청년이 될 때까지 어머니가 대신 나랏일을 보았답니다.

어느덧 직접 나라를 다스리게 된 진흥왕은 '화랑도'를 새롭게 다듬었어요. 화랑도는 예로부터 내려오던 신라의 청소년 단체예요.

귀족 집안의 아들 가운데 건강하고 바른 젊은이를 '화랑'으로 뽑았어요. 그리고 화랑은 '낭도'라고 부르는 많은 젊은이를 거느렸어요. 진흥왕은 화랑과 함께 신라의 영토를 넓혀 나갔지요.

이 무렵 고구려는 왕위 다툼으로 나라가 어지러웠어요. 고구려에 밀려 웅진으로 내려간 백제에서는 성왕이 고구려에 빼앗긴 땅을 되찾기 위해 애쓰고 있었지요. 백제의 성왕은 진흥왕에게 솔깃한 제안을 해 왔어요. 백제와 신라가 손을 잡고, 고구려가 점령하고 있는 한강 유역을 빼앗자고 했어요.

호칭 이름 지어 부름. 또는 그 이름.
이사부 신라 때의 장군. 지증왕 때 가야와 우산국을 정벌했고, 진흥왕 때 고구려와 백제를 공격해 신라의 영토를 크게 넓혔음.
성왕 백제의 제26대 왕. 국호를 남부여라고 함.

Q1

반짝퀴즈

진흥왕은 예로부터 내려오던 신라의 청소년 단체인 □□□을/를 새롭게 다듬었다.

우리 신라를 이끌어 갈 미래의 인재로군.

동맹 둘 이상의 나라가 서로 같은 목적을 이루거나 이익을 얻기 위해 서로 돕기로 한 약 속을 뜻함.
관산성 충북 옥천군 군서면에 있었던 삼국 시대의 성.

신라가 한강의 주인이 되다

진흥왕은 성왕의 제안을 받아들였어요. 신라는 백제와 함께 고구 려를 공격해 한강 유역을 빼앗는 데 성공했어요(551년). 백제가 한강 하류 지역을 갖고, 신라는 한강 상류 지역을 차지했답니다.

하지만 진흥왕은 그 정도로 만족할 수 없었어요.
'신라가 큰 나라로 자라기 위해서는 한강 하류 지역까지 손에 넣어 야 한다. 그래야 중국과 직접 교류할 수 있어.'

진흥왕은 백제와 맺었던 동맹을 깨고, 한강 하류 지역으로 쳐들어 가 백제군을 물리치고, 한강 유역을 차지했지요.

"우리를 배신하고 뒤통수를 쳤구나! 다시 한강 하류를 되찾아라!"

몹시 분노한 백제의 성왕은 신라를 거세게 공격했어요. 신라는 힘 겹게 싸움을 이어 갔지요. 그런데 신라군에 성왕이 고작 50명의 군 사만 거느리고 관산성으로 오고 있다는 소식이 전해졌어요. 신라군 은 관산성으로 오는 길목에 몰래 숨어 있다가 성왕을 공격했어요. 성왕은 목숨을 잃었고 신라군은 큰 승리를 거두었답니다.

한강 유역을 차지한 진흥왕은 신라의 영토를 더욱 넓히기로 했어 요. 이사부 장군에게 가야를 점령하라는 명령을 내렸지요.

"낙동강 너머에 있는 대가야와 여러 가야를 신라의 땅으로 만들어 주십시오."

이사부 장군은 신라군을 이끌고 가야로 쳐들어갔어요(562년). 가야의 우두머리였던 대가야가 무너지자 남은 가야는 모두 신라에 항복했어요.

신라의 전성기(6세기, 진흥왕)

대가야 여섯 가야 중 경상북도 고령 지방에 있던 가야. 가야 여러 나라들의 중심 세력이었음.
진흥왕 순수비 신라 진흥왕이 새로 넓힌 영토를 직접 돌아보고 세운 비석.

이렇게 진흥왕은 신라의 영토를 크게 넓혔어요. 한강 유역과 가야, 고구려 땅의 일부까지 신라 땅으로 만들었지요. 진흥왕은 새로 신라의 영토가 된 지역에 커다란 비석을 세웠어요. 이 비석을 '진흥왕 순수비'라고 해요. '순수'는 '왕이 나라 안을 두루 살피며 돌아다니던 일'을 뜻해요. 늦게 성장한 신라는 진흥왕이 다스리던 시절에 전성기를 맞았지요.

Q2
반짝퀴즈
신라는 □□□이/가 다스리던 때 영토를 넓히며 전성기를 맞았다.

☆ 신라의 성장과 발전

• 지증왕은 나라 이름을 '신라'로 바꾸고, '왕'이라는 호칭을 사용했다.

• 법흥왕은 율령을 정하고, 불교를 정식으로 받아들였으며, 신라의 관리 등급도 새롭게 정했다.

• 진흥왕은 화랑도를 재정비해 인재를 키웠다.

• 진흥왕은 한강 유역과 가야, 고구려 땅의 일부까지 영토를 크게 넓혔다.

• 신라는 진흥왕이 다스리던 시절인 6세기에 전성기를 맞았다.

1 다음 지증왕과 법흥왕이 한 일에 알맞게 선으로 이으세요.

(1) 지증왕

(2) 법흥왕

① 율령을 정하고 불교를 받아들였다. 신라의 관리를 17등급으로 나누어 등급에 따라 다른 색깔의 옷을 입게 했다.

② 나라 이름을 '신라'로 바꾸고, '왕'이라는 호칭을 사용했다. 우산국을 신라의 땅으로 만들었다.

2 다음은 신라가 한강 유역을 차지하기까지의 과정입니다. 일이 일어난 차례에 맞게 빈칸에 숫자를 쓰세요.

(1) 신라와 백제가 손을 잡고 고구려를 공격해 한강 유역을 빼앗았다.

(2) 백제가 한강 하류 지역을 차지하고, 신라가 한강 상류 지역을 차지했다.

(3) 신라가 동맹을 깨고 쳐들어가 백제군을 물리치고 한강 유역을 모두 차지했다.

43회 기출 응용

3 다음 장면에서 밑줄 친 '나'는 누구입니까? (   )

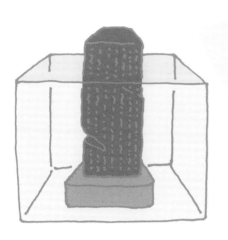

나는 신라의 왕으로, 백제로부터 한강 유역을 차지하고 북한산에 순수비를 세웠노라.

3주 3일
학습 끝!

붙임 딱지 붙여요.

① 성왕   ② 법흥왕   ③ 진흥왕   ④ 지증왕   ⑤ 장수왕

카드 세계사

서로마 제국이 멸망하다

서로마 황제, 자리에서 나가!

게르만족 미워!

서로마

동로마

뺑!

신라가 점점 힘을 키울 무렵, 서로마 제국이 멸망했어요(476년). 커다란 영토를 자랑하며 힘을 떨치던 로마 제국은 국력이 약해져 동서로 나뉘었어요. 동쪽을 동로마 제국, 서쪽을 서로마 제국이라고 불렀지요. 당시 서로마 제국은 이민족인 게르만족이 국경으로 밀려들면서 나라의 힘이 더욱 약해졌어요. 결국 게르만족 출신의 군인에게 서로마 제국의 황제가 쫓겨나면서 서로마 제국은 멸망했지요.

이민족 언어, 풍습 등이 다른 민족.

14 3주

가야는 어떤 나라였나요?

공부한 날짜: ☐월 ☐일

우륵이 만든 12곡

가야는 변한에 있던 열두 개의 작은 나라들이 모여 여섯 개의 나라로 합쳐지면서 집단을 이룬 나라예요. 작은 나라들이 모여서 이룬 가야만의 특징은 음악에도 나타났어요. 우륵은 음악을 좋아한 가실왕의 악사였지요. 우륵은 가실왕의 명령에 따라 가야의 열두 나라들을 대표하는 12곡을 지었어요.

우륵 기념탑

금관가야가 가야의 여러 나라를 이끌다

가야는 낙동강 주변에 있는 여러 나라를 통틀어 부르는 말이에요. 하나의 나라가 아니었지만 가야의 여러 나라는 서로 도우며 사이좋게 지냈어요. 가야 중에는 김수로가 세운 '금관가야'도 있었지요.

김해에 자리 잡은 금관가야에서는 질 좋은 철을 만들 수 있는 철광석이 많이 났어요. 또한 김해는 낙동강과 바다가 만나는 곳이었어요. 낙동강을 따라 사람과 물건이 쉽게 오갈 수 있고, 바닷길을 이용해 다른 나라와 무역을 하기에도 좋았지요.

그래서 금관가야는 철기를 많이 만들었어요. 물건을 배에 싣고 강과 이어진 바닷길로 삼국은 물론 중국, 왜와도 활발하게 무역을 했어요. 금관가야는 금세 힘센 부자 나라로 자라났어요. 가야를 대표하는 나라가 되어 가야의 여러 나라를 이끌었지요.

그러던 금관가야가 삼국의 힘겨루기에 휘말리게 되었어요. 백제의 아신왕이 광개토 대왕 앞에 무릎을 꿇었던 일을 기억하나요? 그 일로 백제의 아신왕은 복수를 다짐했어요. 하지만 백제의 힘만으로는

강한 고구려와 싸워 이길 수 없었어요. 백제는 왜와 금관가야에 손을 내밀었어요.

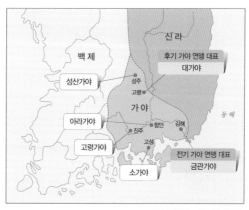

가야 여러 나라의 발전

철기 쇠로 만든 그릇이나 기구를 이름.

"백제는 고구려를 공격하기 전에 고구려와 가까이 지내는 신라의 힘부터 꺾으려 하오. 가야가 왜와 함께 신라를 공격해 주시오."

그동안 가까이 지내 온 백제가 고구려에 자꾸 밀린다면 가야의 무역에도 문제가 생길 수 있었지요. 가야는 백제를 돕기로 하고 신라를 공격했어요. 그런데 5만 명이나 되는 고구려군이 신라로 달려왔어요. 고구려군은 신라에서 왜군을 몰아낸 뒤, 가야로 쳐들어왔지요. 이 전쟁으로 금관가야는 큰 피해를 입고 다른 가야를 이끌어 갈 힘을 완전히 잃어버렸어요.

Q1

반짝퀴즈

낙동강 주변에 있는 가야의 여러 나라를 처음으로 이끌었던 나라는 □□□□였다.

95

가야가 삼국처럼 성장하지 못한 까닭

가야는 여러 개의 작은 나라들이 비슷비슷한 힘을 가지고 있어 강력한 지배력을 가진 나라가 나타나지 못했어요. 또, 가야는 백제와 신라 사이에 있어서 두 나라의 압박을 받았지요. 이와 같은 이유로 가야는 삼국처럼 큰 나라로 성장하지 못했어요.

가야산 경상북도 성주군과 경상남도 합천군 사이에 있는 산의 이름.

대가야가 금관가야의 뒤를 잇다

고구려의 침략으로 가야의 여러 나라가 피해를 입었지만, 별다른 피해를 입지 않은 나라도 있었어요. 바로 '대가야'예요. 대가야는 가야의 깊숙한 곳, 고령 땅에 자리 잡고 있어서 피해가 크지 않았지요.

그러자 철을 다루는 기술자들이 안전한 대가야로 옮겨 갔어요. 대가야에 있는 가야산에서는 철을 만드는 재료인 철광석이 많이 났답니다. 대가야는 부지런히 철을 만들고 팔아 점점 힘을 키웠지요.

가야의 여러 나라는 다시 대가야를 중심으로 뭉쳤어요. 대가야가 금관가야의 뒤를 이어 가야의 여러 나라를 이끌게 된 거예요.

당시 고구려와 백제, 신라는 서로서로 힘겨루기를 했어요. 때에 따라 적이 되기도 하고, 같은 편이 되기도 했어요. 제 나라를 지키고, 영토를 넓히는 것을 가장 중요하게 여겼지요. 가야 역시 주변에 있는 백제, 신라와 동맹을 맺거나 전쟁을 벌이기도 했답니다.

그러는 사이 신라가 점점 힘을 키웠어요. 힘을 잃어버린 금관가야
는 법흥왕 때 신라의 기세에 눌려 먼저 항복을 했어요(532년).

562년에는 대가야가 신라의 공격을 받았지요. 신라의 전성기를 이
룬 진흥왕이 이사부 장군을 보내 대가야를 공격했어요. 결국 대가
야가 무너졌고, 다른 가야들도 신라에 항복해 가야는 모두 사라
졌어요. 가야의 땅은 신라 차지가 되었지요.

가야는 삼국과 비슷한 시기에 들어섰어요. 고구려, 백제, 신
라와 함께 5백 년이라는 긴 세월을 보내며 살아왔지요. 뛰어난
철기를 만들며 가야만의 독특한 문화도 이루어 냈어요. 하지만 가
야는 삼국과 달리 통일된 나라를 이루지 못했어요. 가야는 삼국의
힘겨루기에 휘말려 어려움을 겪다가 결국 신라에 무너졌지요.

□□이/가 대가야를 무너뜨리면서
가야는 역사에서 사라지게 되었다.

아후, 가야가
이렇게 망하는구나!

⭐ 가야의 발전과 멸망
- 가야는 여섯 개 작은 나라들의 모임이었다.
- 초기에는 금관가야가, 후기에는 대가야가 대표가 되어 가야의 여러 나라를 이끌었다.
- 가야는 철을 생산하고 삼국은 물론 중국, 왜 등과 활발히 무역을 벌였다.
- 법흥왕 때에는 금관가야가 신라에 항복했다(532년).
- 진흥왕 때에는 대가야가 무너지면서 결국 가야가 모두 멸망했다(562년).

1 다음 가야에 대한 내용이 맞으면 ○표, 틀리면 X표 하세요.

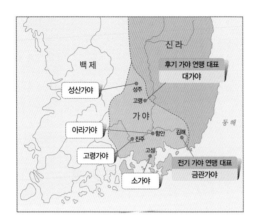

(1) 가야는 고구려, 백제, 신라처럼 통일된 하나의 나라였다. (　　　)

(2) 가야는 철기를 많이 생산하며 독특한 문화를 이루어 냈다. (　　　)

(3) 가야는 고구려, 백제, 신라 삼국의 힘겨루기에 휘말려 어려움을 겪었다.

(　　　)

2 다음 (가), (나)에 들어갈 알맞은 말을 보기에서 찾아 쓰세요.

(1) 처음에는 김해에 자리 잡고 있던 (가) 가 가야의 대표가 되어 여러 가야를 이끌었어.

(2) 그러다 나중에는 고령 땅에 자리 잡고 있던 (나) 가 가야의 여러 나라를 이끌게 되었지.

보기　　대가야　　금관가야

(1) (가): (　　　　　　　)　　　(2) (나): (　　　　　　　)

3 다음 사건 이후에 일어난 일을 골라 ○표 하세요.

신라의 왕께 항복합니다. 금관가야의 보물도 받아 주소서.

그대가 항복하니 기쁘오. 내가 예로써 대접하리다.

3주 4일
학습 끝!

붙임 딱지 붙여요.

(1) 대가야가 신라에 무너지면서 결국 가야가 멸망했다. (   )

(2) 대가야가 신라에 쳐들어갔고, 결국 신라가 멸망했다. (   )

카드 세계사

인도, 힌두교가 생겨나다

다양한 신들이 조각된 힌두교 사원 지붕

대가야가 가야의 여러 나라를 이끌 무렵, 인도에서는 힌두교가 만들어졌어요. 인도에는 예로부터 전해 내려오는 '브라만교'라는 종교가 있었어요. 그런데 자비와 평등을 강조하는 불교가 생기면서 브라만교가 힘을 잃었어요. 그러자 브라만교는 사람들의 마음을 얻기 위해 인도의 다양한 전통 신앙을 받아들였어요. 이렇게 브라만교에 인도의 전통 신앙이 더해져 발전한 종교가 '힌두교'예요.

자비 남을 사랑하고 가엾게 여김.

99

삼국은 어떻게 불교를 받아들였나요?

공부한 날짜: ☐ 월 ☐ 일

불교로 왕권을 튼튼히 하다

고구려, 백제, 신라는 서로 힘을 겨루며 영토를 넓혀 나갔어요. 삼국의 왕들은 강한 나라를 만들기 위해서는 백성의 마음을 하나로 모아야 한다고 생각했어요. 또, 강력한 왕권을 갖기를 바랐지요.

한편 삼국 시대 사람들은 하늘이나 땅, 동물과 식물에 영혼이 있고, 특별한 힘도 깃들어 있다고 믿었어요. 이들을 신으로 받들었기 때문에 제각각 믿는 신도 달랐답니다.

그러던 때에 중국을 통해 삼국에 불교가 전해졌어요. 불교는 인도의 석가모니가 만든 종교예요. 석가모니를 '부처'라고도 하지요. 불교에서는 부처의 가르침을 따르며 세상의 고통에서 벗어나 부처가 되는 것을 이상으로 삼아요.

하지만 삼국의 왕들은 불교를 좀 다르게 받아들였어요. 불교로 백성의 마음을 하나로 모으고, 왕의 권한을 강하게 만들었어요. 그래서 왕도 부처와 같이 믿고 따라야 할 존재로 여기게 했답니다.

부처를 받들듯 왕을 믿고 따른다면 왕의 권한이 높아질 텐데……

삼국 가운데 불교를 가장 먼저 받아들인 나라는 고구려예요. 소수림왕이 고구려를 다스리던 시절이었지요. 중국에서 '순도'라는 스님이 불경과 불상을 들고 소수림왕을 찾아왔어요.

"이미 고구려에 불교가 들어와 있지만 많은 사람이 불교에 대해 모릅니다. 임금께서 불교를 나라의 종교로 정하신다면 더욱 많은 백성이 알게 될 것입니다."

372년, 소수림왕은 불교를 고구려의 정식 종교로 받아들였어요. 그리고 불교가 널리 퍼질 수 있도록 도왔지요.

고구려에 이어 불교를 받아들인 나라는 백제예요. 침류왕이 백제를 다스리고 있던 384년, 인도의 스님 '마라난타'가 중국을 거쳐 백제에 들어왔어요. 침류왕은 마라난타 스님을 궁궐에 모시고 잘 대접했어요. 다음 해에는 절을 짓고, 10명의 스님을 두었지요. 이렇게 불교를 공인해 많은 백성이 불교를 믿게 했어요.

이상 생각할 수 있는 가장 완전한 상태.
불경 부처의 가르침을 적은 책을 뜻함.
불상 부처의 모습을 한 조각상을 이름.
공인하다 국가나 사회가 무엇에 대해 인정하다.

반짝퀴즈 Q1

372년, 고구려의 □□□□은/는 불교를 정식 종교로 받아들였다.

어서 오십시오. 그런데 어쩐 일이십니까?

백성들에게 불교를 널리 알리려고 왔습니다.

이차돈의 순교로 신라가 불교를 받아들이다

고구려, 백제와 달리 신라는 늦게까지 불교를 받아들이지 못하고 있었어요. 신라의 귀족들이 반대했기 때문이에요.

"예로부터 저희가 받드는 신이 있는데, 어찌 불교라는 다른 나라의 종교를 받아들이려 하십니까? 안될 일입니다."

법흥왕이 귀족들의 반대에 부딪혀 고민하고 있을 때, 이차돈이라는 젊은 신하가 찾아왔어요.

"신라의 귀족들이 불교를 받아들이게 할 계획이 있습니다. 부디 제 뜻을 따라 주십시오."

이차돈의 계획을 들은 법흥왕은 차마 그럴 수는 없다고 했어요. 하지만 이차돈의 결심은 굳었지요. 이차돈은 궁궐을 나와 '천경림'이라는 숲으로 갔어요. 그곳은 신라의 귀족들이 자신이 믿는 신에게 제사를 지내는 곳이었지요. 이차돈은 숲의 나무를 베며 말했어요.

"법흥왕께서 이곳에 절을 지으라고 허락하셨다."

귀족들은 펄쩍 뛰며 법흥왕에게 몰려갔어요.

"이차돈이 신성한 천경림의 나무를 함부로 베고 있습니다."

"절을 지으라고 허락하신 것이 사실입니까?"

법흥왕은 무거운 얼굴로 그런 적이 없다고 했어요. 거짓말을 한 이차돈을 처형하라고 했지요. 이차돈은 죽기 전에 이런 말을 남겼어요.

흥륜사지 대웅전(경상북도 경주시)

천경림 경상북도 경주시 남천의 북쪽 언덕에 있는 숲.
처형하다 사형에 처하다.

"제 목을 내리치는 순간, 부처님께서 모두에게 신비한 힘을 보여 주실 것입니다."

이내 칼날이 번쩍이며 이차돈의 머리가 땅에 떨어졌어요. 그 순간, 이차돈의 목에서 하얀 피가 솟구쳤어요. 하늘에서 꽃이 비처럼 떨어지고 땅이 흔들렸지요. 귀족들은 깜짝 놀랐어요. 더는 불교를 받아들이는 일을 반대하지 못했지요.

이렇게 해서 527년, 신라도 불교를 받아들였어요. 법흥왕은 천경림에 흥륜사를 지어 이차돈의 영혼을 달래 주었어요.

Q2

반짝퀴즈

□□□의 죽음으로 신라가 불교를 받아들이게 되었다.

⭐삼국의 불교 수용

- 삼국은 불교를 받아들여 왕의 권한을 강화하는 데 이용했다.
- 고구려는 소수림왕 때(372년), 백제는 침류왕 때(384년) 불교를 공인했다.
- 신라는 오랫동안 귀족들의 반대로 불교를 받아들이지 못했다.
- 신라는 법흥왕 때 이차돈의 죽음을 계기로 불교를 공인했다(527년).
- 삼국의 불교는 나라를 보호하고 지키는 호국적 성격이 강했고 백성의 마음을 하나로 뭉치게 했다.

1 다음에서 설명하는 밑줄 친 '이 종교'에 ○표 하세요.

이 종교는 인도의 석가모니가 만든 종교이다. 고구려, 백제, 신라 삼국의 왕들은 백성의 마음을 하나로 뭉치게 하고, 왕의 권한을 강하게 만드는 데 이 종교를 이용했다.

(1) 불교   (2) 이슬람교   (3) 크리스트교

(   )   (   )   (   )

2 다음 중 세현의 질문에 알맞게 대답하지 <u>못한</u> 친구의 이름을 쓰세요.

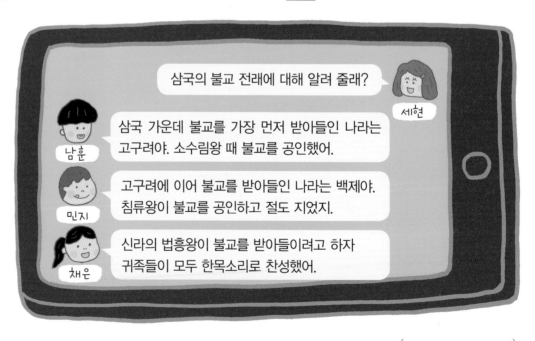

삼국의 불교 전래에 대해 알려 줄래?

세현

남훈
삼국 가운데 불교를 가장 먼저 받아들인 나라는 고구려야. 소수림왕 때 불교를 공인했어.

민지
고구려에 이어 불교를 받아들인 나라는 백제야. 침류왕이 불교를 공인하고 절도 지었지.

채은
신라의 법흥왕이 불교를 받아들이려고 하자 귀족들이 모두 한목소리로 찬성했어.

(   )

3 다음 장면에서 ㈎에 들어갈 인물은 누구입니까? (   )

① 주몽　　　② 순도　　　③ 이차돈　　　④ 김수로　　　⑤ 마라난타

신라가 불교를 받아들일 무렵, 동로마에서는 『로마법 대전』이 만들어졌어요(529년). 서로마가 멸망한 뒤 동로마는 비잔틴 제국이라고 불렸어요. 이 동로마의 유스티니아누스 황제는 동로마가 옛 로마의 영광을 되찾기를 바랐지요. 그는 로마의 가장 위대한 유산이었던 로마법을 체계적으로 정리해 『로마법 대전』을 만들었어요. 이후 『로마법 대전』은 유럽 여러 나라의 법에 영향을 주었어요.

유산 앞 세대가 물려준 사물 또는 문화.

PART 4

삼국과 가야의 사회와 문화

삼국 시대 사람들은 어떤 집에서 어떤 음식을 먹고 어떻게 살았을까요?
고구려, 백제, 신라와 가야 사람들은 각자 자신들만의 독특한 문화를 이루며
살았어요. 삼국의 특징이 담긴 문화유산들을 살펴보며 삼국 사람들의
생활 모습이 어떠했을지 짐작해 봐요.

약 70만 년 전
구석기 시대 시작

약 1만 년 전
신석기 시대 시작

기원전 2333
고조선 건국

기원전 108
고조선 멸망

기원전 57
신라 건국

기원전 37
고구려 건국

기원전 18
백제 건국

372
고구려, 불교 수용 /
태학 설립

384
백제, 불교 수용

427
고구려, 평양 천도

475
고구려, 한성 점령 /
백제, 웅진 천도

532
신라, 금관가야 병합

562
신라, 대가야 병합

공부한 날짜: ☐월 ☐일

삼국 시대 사람들은 어떻게 살았나요?

신분에 따라 다른 생활을 하다

신라의 골품제

신라에서는 지배층 내부에서도 골품에 따라 차등을 두는 골품제가 있었어요. 성골은 골품제에서 가장 높은 신분으로 왕이 될 수 있었어요. 진골은 성골 다음으로 높은 신분이었지만 왕이 될 수 없었어요. 성골이 모두 사라진 뒤 태종 무열왕 때부터 진골도 왕위에 올랐어요.
6두품은 귀족이었지만 6등급 벼슬까지만 오를 수 있었어요. 그래서 6두품은 정치보다 주로 학문과 종교 분야에서 활동하는 사람이 많았어요.

성골   진골   6두품

고구려와 백제, 신라에는 모두 신분 제도가 있었어요. 자녀는 부모의 신분을 그대로 물려받았지요. 그래서 태어날 때부터 신분이 정해져 있었고, 신분에 따라 생활하는 모습도 크게 달랐답니다.

삼국 시대 사람들의 신분은 크게 귀족, 평민, 천민으로 나누어졌어요. 귀족은 지배층으로 벼슬자리에 올라 정치에 참여했어요. 나랏일에 대한 의견을 내고 결정도 했지요. 많은 토지를 갖고 있었으며 토지에서 나는 곡식을 가졌어요. 또, 노비도 거느렸지요.

귀족은 권력과 재산을 모두 갖고 있었기 때문에 부유한 생활을 했어요. 넓은 기와집에서 비단으로 지은 화려한 옷을 입고, 쌀밥과 좋은 음식을 먹으며 풍족하게 살았지요.

평민은 귀족 아래의 신분이었어요. 흔히 '백성'이라고 부르는 사람들이 평민이었지요. 삼국의 평민은 대부분 농사를 짓고 살았는데, 나라에 대한 여러 가지 의무를 지고 있었어요.

우선 나라에 세금을 내야 했어요. 나라에서 궁궐을 짓거나 성을 쌓는 등 큰 공사를 벌이면 공사장에 나가 일을 해야 했지요. 그리고 전쟁이 일어나면 군사가 되어 나라를 위해 싸워야 했답니다.

기와집 모양을 보여 주는
신라의 집 모양 뼈항아리

관청 나랏일을 하는 곳.
포로 전투에서 적에게 사로잡힌 병사.

평민은 자유로운 신분이었지만, 생활 형편은 넉넉하지 못했어요. 초가집에 살면서 삼베로 지은 옷을 입고 지냈어요. 보리와 콩, 조 같은 잡곡으로 밥을 해 먹었지요. 벼농사를 지었지만 쌀은 귀한 곡식이라 평민은 쉽게 쌀밥을 먹지 못했어요.

천민은 가장 낮은 신분으로, 대부분 노비였어요. 노비는 왕실이나 관청, 귀족에게 속해 있으면서 이들이 시키는 갖가지 일을 해야 했어요. 재산의 일부로 여겨져 사고팔리기도 했지요.

삼국 시대에는 전쟁이 자주 일어났기 때문에 포로로 잡힌 사람이 주로 노비가 되었어요. 죄를 지은 벌로 노비가 되거나 형편이 어려운 평민이 귀족에게 빌린 돈을 갚지 못해 노비가 되는 경우도 있었답니다.

반짝퀴즈 　Q1

삼국 시대 사람들의 신분은 귀족,
□□, 천민으로 나뉘었다.

109

고구려의 진대법, 백성을 돕다

삼국의 평민, 즉 백성은 여러 가지 의무를 다하느라 살기가 무척 고단했어요. 흉년이라도 들면, 먹을거리가 부족해 굶주려야 했지요. 이러한 백성을 돕기 위해 고구려는 나라에서 백성에게 곡식을 빌려 주는 제도인 '진대법'을 만들었어요. 진대법이 만들어진 과정을 보면, 삼국 시대 백성의 삶을 짐작해 볼 수 있지요.

194년, 고국천왕이 다스리는 고구려에 큰 흉년이 들었어요. 어느 날, 고국천왕은 사냥을 나갔다가 길에서 슬피 울고 있는 젊은이를 보았어요.

"무슨 일로 그리 슬피 우느냐?"

"저는 남의 집 농사일을 해 주며 어머니를 모시고 근근이 살았습니다. 그런데 흉년으로 일거리가 없어서 굶고 있습니다. 앞으로 어머니를 어찌 모셔야 할지 막막하여 울고 있었습니다."

딱한 사정을 들은 고국천왕은 젊은이에게 곡식을 내렸어요. 하지만 젊은이와 같은 백성이 많을 것이라 생각하니 가슴이 아팠지요.

'어떻게 하면 가난한 백성을 도울 수 있을까?'

110

고국천왕이 고민하고 있을 때, 국상 을파소가 의견을 냈어요.

"백성은 봄이면 곡식이 떨어져 어려움을 겪습니다. 그러니 나라에서 봄에 백성에게 곡식을 빌려주고, 가을에 돌려받으면 어떻겠습니까?"

"그거 좋은 생각이구려."

고국천왕은 을파소의 제안을 받아들이려고 했어요. 그런데 귀족들이 반대하고 나섰어요. 그동안 귀족들은 백성에게 곡식을 빌려주며 높은 이자를 받았어요. 백성이 빌려 간 곡식을 제때 갚지 못하면 땅을 빼앗거나 노비로 삼으며 재산을 불렸지요. 그런데 을파소의 제안을 따르면 지금처럼 재산을 늘릴 수 없으니 반대했던 거예요.

그러나 고국천왕은 귀족들의 반대를 무릅쓰고 을파소의 제안을 받아들여 '진대법'을 실시했어요. 진대법 덕분에 고구려 백성의 형편은 한결 나아졌어요. 귀족에게 땅을 빼앗기거나 노비가 되는 백성도 줄었지요. 이처럼 삼국 시대에는 지배층이 어떤 정치를 펼치느냐에 따라 백성의 삶도 달라졌답니다.

국상 고구려에서 가장 높은 관직.
이자 남에게 돈을 빌려 쓴 대가로 치르는 일정한 비율의 돈을 말함.

반짝퀴즈 Q2

고구려에는 백성에게 나라에서 곡식을 빌려주는 제도인 □□□이/가 있었다.

쌀을 빌려 가시오.

고맙습니다, 을파소님!

★ 삼국 시대 신분에 따른 생활 모습

- 귀족은 지배층으로 권력과 많은 토지를 가지고 풍족하게 살았다.
- 평민은 대부분 농민으로 농사를 짓고 나라에 세금을 냈다.
- 평민은 나라의 공사에 동원되었고, 전쟁이 나면 군사로 나가서 싸워야 했다.
- 천민은 가장 낮은 신분으로 대부분 노비였고, 노비는 주인의 소유물로 여겨져 사고팔리기도 했다.
- 고구려에는 봄에 곡식을 빌려주고 가을에 돌려받는 제도인 '진대법'이 있었다.

1 다음 삼국 시대 사람들의 신분에 알맞은 설명을 선으로 이으세요.

(1) 귀족

(2) 평민

(3) 천민

① 가장 낮은 신분이었고 대부분이 노비였다.

② 지배층으로 벼슬자리에 올라 정치에 참여했다.

③ 대부분 농민으로, 나라에 여러 가지 의무를 지고 있었다.

2 다음 삼국 시대 평민의 생활 모습이 맞으면 ○표, 틀리면 X표 하세요.

⑴ 많은 땅을 갖고 있었으며 노비를 거느렸다. ( )

⑵ 귀족이 가진 재산의 일부로 여겨지며 사고팔리기도 했다. ( )

⑶ 초가집에 살면서 삼베로 지은 옷을 입고, 잡곡으로 밥을 해 먹었다. ( )

⑷ 나라에서 궁궐이나 성을 짓는 공사를 벌이면 공사장에 나가서 일을 했다.

( )

3 다음 (가)에 들어갈 제도로 알맞은 것을 **보기**에서 골라 쓰세요. (   )

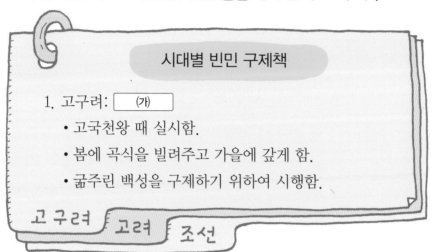

시대별 빈민 구제책

1. 고구려: (가)

• 고국천왕 때 실시함.
• 봄에 곡식을 빌려주고 가을에 갚게 함.
• 굶주린 백성을 구제하기 위하여 시행함.

고구려 고려 조선

4주 1일
학습 끝!

붙임 딱지 붙여요.

보기   골품제   진대법   신분제   8조법

카드 세계사

동로마 제국, 성 소피아 대성당을 세우다

터키 이스탄불에 있는 성 소피아 대성당

삼국 시대 사람들이 신분에 따라 살아갈 무렵, 동로마(비잔틴) 제국의 유스티니아누스 황제는 뛰어난 건축가를 불러 모아 수도 콘스탄티노플에 '성 소피아 대성당'을 지었어요. 이 성당에는 '돔'이라고 부르는 둥그런 지붕과 내부의 대리석 기둥, 모자이크 등 비잔틴 제국의 건축 양식이 잘 드러나 있어요. 그래서 지금까지 남아 있는 비잔틴 건축물 중 가장 아름답다고 평가받고 있지요.

모자이크 여러 가지 빛깔의 돌과 유리, 타일, 나무 등의 조각을 맞추어 여러 가지 무늬나 그림 등으로 나타낸 것.

백제는 어떤 문화유산을 남겼나요?

✦✦
삼국에 전파된 도교의 흔적
신라, 고구려, 백제 삼국은 중국으로부터 불교뿐 아니라 도교도 받아들였어요.
도교는 자연을 숭배하는 사상이 신선 사상과 합쳐져 귀족들의 환영을 받았어요.
고구려는 도교를 적극적으로 권장하였고, 신라와 백제에서 도교는 사람들 사이에서 자연스럽게 퍼져 나갔어요. 삼국 시대 사람들은 도교에 자주 등장하는 신선이나 자연의 모습을 장식물로 표현했지요.
백제 금동 대향로에 새겨진 산과 나무, 신선과 동물들도 도교의 영향을 받은 거예요.

백제 산수무늬벽돌

백제, 섬세하고 세련된 문화유산을 남기다

백제는 삼국 가운데 가장 먼저 발전하며 아름다운 문화를 이루어 냈어요. 백제의 문화는 섬세하고 부드러우며 세련된 것이 특징이지요. 백제 문화의 특징을 잘 보여 주는 문화유산으로, 먼저 '백제 금동 대향로'를 꼽을 수 있어요.

백제 금동 대향로는 금동으로 만든 큰 향로예요. 금동은 쇠나 구리 같은 금속으로 만든 물체 위에 금을 씌운 거예요. 향로란 향을 피울 때 사용하는 물건이랍니다.

백제 금동 대향로의 뚜껑 꼭대기에는 여의주를 턱 아래에 낀 봉황이 앉아 있어요. 뚜껑에는 산과 나무, 시냇물, 신선, 사람, 동물 등 다양한 조각이 새겨져 있지요. 몸체에는 연꽃잎과 작은 동물이 새겨져 있고, 이 몸체를 용 모양의 받침이 받치고 있어요. 조각이 금세라도 살아 움직일 것처럼 정교하고 아름답지요.

백제 금동 대향로

삼국은 불교를 받아들인 뒤에 많은 절을 짓고, 불상을 만들고, 탑도 세웠어요. 특히 백제 사람들이 탑을 만드는 솜씨는 삼국 가운데 최고였답니다. 바다 건너 일본까지 전해질 정도였지요.

백제를 대표하는 탑은 '익산 미륵사지 석탑'이에요. 이 탑은 익산의 '미륵사'라는 절터에서 발견되었어요. 단단한 돌로 만들었지만 마치 나무로 만든 것처럼 정교하지요. 익산 미륵사지 석탑은 현재 우리나라에 남아 있는 가장 오래된 석탑 중 하나예요. 또한 가장 큰 석탑이기도 하지요.

백제의 불상 가운데는 '서산 용현리 마애여래 삼존상'이 유명해요. 이 불상은 서산시 용현리에 있는데, 바위에 세 명의 부처를 조각한 거예요. '마애'가 글자나 그림을 바위에 새긴 것을 말하거든요. 이 불상을 본 사람들은 이렇게 말해요.

"부처님의 미소가 참 아름답다!"

조각된 세 부처는 부드러운 미소를 띠고 있어요. 그래서 서산 용현리 마애여래 삼존상은 '백제의 미소'로 불리기도 한답니다.

여의주 용의 턱 아래에 있는 영묘한 구슬.
봉황 예로부터 중국의 전설에 나오는, 상상의 새.
절터 절이 있던 터.

반짝퀴즈 Q1

서산 용현리 마애여래 삼존상은 '□□의 미소'라고 불리기도 한다.

□□

서산 용현리 마애여래 삼존상
(충청남도 서산시)

익산 미륵사지 석탑
(전라북도 익산시)

115

백제의 벽돌무덤

백제는 건국 이야기에 나타
난 것처럼 초기에는 고구려의
영향을 많이 받은 계단식 돌
무지무덤(돌을 계단처럼 쌓아
올린 무덤)을 많이 남겼어요.
이와 함께 무령왕릉처럼 중국
의 영향을 받아 벽돌로 층층
이 쌓아 올린 무덤도 볼 수 있
지요.

백제의 벽돌무덤

훼손되다 헐거나 깨뜨려 못
쓰게 되다.
도굴꾼 옛사람들의 무덤을 몰
래 파헤쳐서 유물을 훔치는
사람.
보존되다 잘 보호하고 간수하
여 남겨지다.

무령왕릉, 백제의 문화를 자랑하다

백제의 문화를 잘 보여 주는 보물 창
고 같은 문화유산이 있어요. 바로 '무령
왕릉'이에요.

무령왕릉은 1971년, 공주 송산리 고
분군에서 발견되었어요. 송산리 고분군
은 백제 왕실의 무덤이 모여 있는 곳으
로 알려져 있지요.

백제가 남긴 문화유산은 오랜 세월이
흐르는 동안 대부분 훼손되거나 사라졌

무령왕릉(충청남도 공주시)의 위치

어요. 도굴꾼은 백제 사람들의 무덤 안에 있던 유물까지 훔쳐가 누
구의 무덤인지 알 수 없는 경우도 많았어요.

그런데 백제의 무령왕릉은 다행히 도굴꾼에게 발견되지 않아서 고
스란히 보존되어 있었어요.

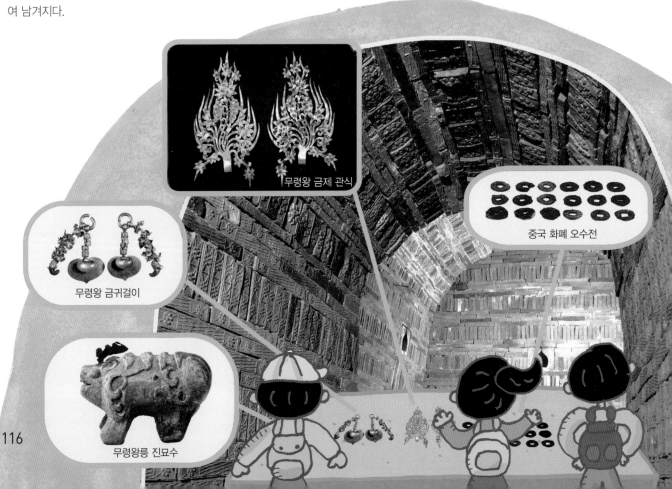

무령왕 금제 관식

중국 화폐 오수전

무령왕 금귀걸이

무령왕릉 진묘수

무령왕릉 안에 무덤 주인의 이름을 새겨 놓은 지석이 있어서 무령왕과 왕비의 무덤이라는 것을 알 수 있었지요.

무령왕릉은 벽돌을 쌓아 만들었는데, 무덤 입구에는 '진묘수'라는 조각상이 있었어요. 진묘수는 무덤을 지키는 상상의 동물이에요.

무덤 안에는 왕과 왕비의 왕관을 비롯해 수많은 유물이 함께 묻혀 있었어요. 금귀걸이, 글씨가 새겨진 팔찌, 머리에 꽂는 금 장신구, 용과 봉황이 장식된 큰 칼, 금동으로 만든 신발 등 수천 점의 유물이 발견되었지요.

유물들은 하나같이 화려하고 섬세했어요. 그래서 백제에서 금과 은 같은 금속을 다루는 기술이 발달했음을 알 수 있지요.

무령왕릉 안에는 중국에서 들어온 항아리와 '오수전'이라고 불리는 중국 화폐도 있었어요. 무령왕과 왕비의 관은 일본의 특정 지역에서만 자라는 '금송'이라는 나무로 만들어졌지요. 그래서 당시 백제가 중국이나 일본과 활발하게 교류했다는 것을 알 수 있답니다.

> 지석 죽은 사람의 이름이나 생년월일 등을 적거나 새긴 돌을 이름.

반짝퀴즈

벽돌을 차곡차곡 쌓아 만든 □□□□은/는 백제 무령왕과 왕비의 무덤이다.

저기가 입구야.

★ 백제의 문화유산과 문화의 특징

- 백제의 문화는 섬세하고 부드러우며 세련된 것이 특징이다.
- 백제 금동 대향로는 아름다운 조각이 새겨져 있어 백제 문화의 특징을 잘 보여 준다.
- 백제의 익산 미륵사지 석탑은 우리나라에 남아 있는 가장 오래된 석탑 중 하나이자 가장 큰 석탑이다.
- 세 명의 부처를 바위에 조각한 서산 용현리 마애여래 삼존상은 '백제의 미소'라고도 불린다.
- 무령왕릉에서는 진묘수를 비롯해 많은 장신구와 중국 화폐 오수전 등이 출토되었다.

1 다음에서 설명하는 백제의 문화유산은 무엇입니까? (   )

섬세하고 세련된 백제 문화의 특징을 잘 보여 주는 문화유산이다. 커다란 향로로 금속 물체 위에 금을 씌워 만들었다.

뚜껑과 몸체에는 산과 나무, 신선, 동물 등 다양한 조각이 새겨져 있다.

① 무령왕릉 진묘수　　　　② 무령왕 금귀걸이　　　　③ 백제 금동 대향로

④ 백제 산수무늬벽돌　　　⑤ 익산 미륵사지 석탑

2 다음 중 (개)에 들어갈 문화유산에 ○표 하세요.

(개)	• 서산 용현리 마애여래 삼존상. • 바위에 세 명의 부처를 조각한 조각상. • '백제의 미소'라고도 불림.

(1)

(2)

(3)

(　　　　)　　　　(　　　　)　　　　(　　　　)

3 다음 (가)의 빈칸에 들어갈 말로 알맞은 것은 무엇입니까? (   )

백제 [(가)] 특별전

주요 출토 유물   무덤 내부 모습

백제 문화의 향기를 느껴 보세요.

20〇〇년 〇〇월 〇〇일 ~ 〇〇월 〇〇일

〇〇 박물관

① 장수왕릉
② 무령왕릉
③ 문무왕릉
④ 진흥왕릉
⑤ 광개토 대왕릉

4주 2일
학습 끝!

붙임 딱지 붙여요.

카드 세계사

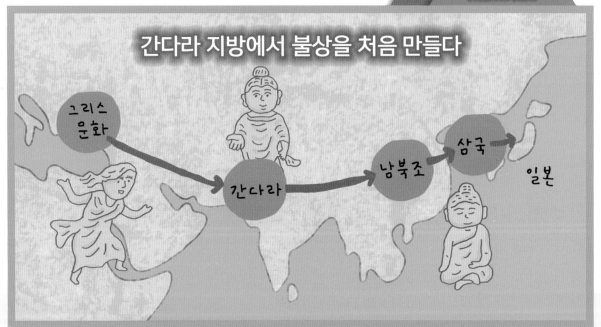

간다라 지방에서 불상을 처음 만들다

그리스 문화 → 간다라 → 남북조 → 삼국 → 일본

불교가 전래된 뒤 삼국은 불상을 많이 만들었어요. 이 불상들은 지금의 파키스탄과 아프가니스탄 지역인 간다라 지방에서 처음 만들었답니다. 처음으로 불교가 생긴 인도에서는 불상을 만들지 않았어요. 그런데 간다라 지방에 신들의 모습을 인간처럼 조각한 그리스 조각이 전해졌어요. 그 뒤로 간다라에서 불상을 만들기 시작했어요. 불교와 함께 불상을 만드는 간다라 미술 양식도 널리 퍼졌어요.

> 양식 시대나 갈래에 따라 각기 독특한 문학이나 예술의 형식.

고구려는 어떤 문화유산을 남겼나요?

공부한 날짜: 월 일

고구려의 굴식 돌방무덤

고구려는 처음에 돌무지무덤(시신 위에 돌을 쌓아 만든 무덤)을 만들었어요. 그러다가 돌로 무덤 방을 만들고 통로로 연결해 흙을 덮는 굴식 돌방무덤으로 바뀌었지요. 이 무덤 속 방의 벽면과 천장에는 벽화를 그려 고구려의 생활, 문화, 종교 등을 표현했답니다.

고구려 '굴식 돌방무덤' 구조

고분 고대에 만들어진 무덤.

고구려, 고분 벽화에 씩씩하고 힘찬 기운을 담다

고구려가 자리 잡고 있던 한반도 북쪽에는 높고 가파른 산이 많았어요. 고구려 사람들은 사냥을 즐기고 무술도 잘했지요. 이러한 특징은 고구려 문화에도 반영되었어요. 고구려 사람들이 남긴 문화유산에서는 힘과 씩씩한 기운이 느껴진답니다.

고구려의 대표적인 문화유산으로는 '고분 벽화'를 꼽을 수 있어요. 옛 무덤 안의 천장이나 벽에 그린 그림이 고분 벽화이지요.

안악 3호분과 무용총의 위치

고구려뿐 아니라 삼국 시대 사람들은 사람이 세상을 떠나도 다른 세상에서 계속 살아간다고 생각했어요.

수렵도

접객도

무용도

그래서 껴묻거리라고 하여 죽은 사람의 무덤에 살았을 때 사용하던 물건을 넣어 주었어요. 고구려 무덤의 벽과 천장에도 무덤 주인의 모습을 비롯해 다양한 그림을 그려 넣었지요. 고분 벽화를 살펴보면 고구려 사람들이 어떻게 살았는지, 어떤 생각을 하고 있었는지 짐작할 수 있답니다.

고구려의 고분인 무용총에는 수렵도, 접객도, 무용도로 불리는 고분 벽화가 있어요. '수렵도'는 말을 타고 활을 쏘며 호랑이와 사슴을 사냥하는 모습이 그려진 벽화예요. 이 벽화를 통해 고구려 사람들이 사냥을 즐겼다는 것을 알 수 있지요.

'접객도'는 손님을 맞이하는 장면을 그린 벽화예요. 그런데 주인과 손님들은 크게 그려져 있고, 시중 드는 사람은 작게 그려져 있어요. 그림 속 사람의 크기로 신분의 높고 낮음을 표현한 것이지요.

'무용도'는 흥겹게 춤을 추는 여러 사람을 그린 그림이에요. 춤을 추는 사람 아래쪽에는 노래를 하고 있는 사람들의 모습도 그려져 있지요. 이 고분이 '무용총'이라고 불리게 된 것도 고구려 사람들이 무용하는 이 고분 벽화가 발견되었기 때문이랍니다.

무용총 중국 지린성 지안시 루산산 남쪽에 있는 고구려 때의 무덤. 무덤 내부에 춤을 추는 사람의 그림이 그려져 있어 무용총이라고 불렀음.

Q1

반짝퀴즈

고구려의 대표적인 문화유산으로, 무덤의 벽과 천장에 그린 그림인 □□ □□을/를 들 수 있다.

□ □ □ □

고구려의 생활 모습을 문화유산으로 남기다

'각저총'이라는 고분에서는 '씨름도'가 발견되었어요. 씨름도는 이름처럼 두 장사가 씨름하는 모습을 그린 고분 벽화예요. 한쪽에는 심판을 보는 듯한 사람도 그려져 있지요. '각저'가 씨름을 뜻하는 말이기 때문에 이 고분을 각저총이라고 부르게 되었어요.

안악 3호분은 황해도의 안악군에서 발견된 고분이에요. 안악 3호분 안에는 무덤 주인이 비단옷을 입고 관리들을 거느리며 나랏일을 보는 모습이 그려져 있어요. 또 250여 명이나 되는 사람들이 수레에 탄 무덤 주인을 호위하며 줄지어 나아가는 벽화도 있지요. 안악 3호분의 벽화는 고구려의 고분 벽화 가운데 가장 크고 화려하답니다.

이 외에도 부엌에서 음식을 만들고 아궁이에 불을 지피는 모습, 우물에서 물을 긷는 모습, 곡식을 찧는 방앗간, 소를 키우는 외양간 등 고구려 사람들의 생활 모습을 담은 많은 벽화가 그려져 있어요.

안악 3호분 벽화 속 생활 모습
안악 3호분의 동쪽 곁방에서는 부엌에서 시루에 음식을 만드는 벽화를 볼 수 있어요. 벽화에 나오는 푸줏간과 부엌의 규모로 보아 이 무덤 주인이 살고 있는 집은 더욱 크고 화려했을 거예요.
삼국 시대에는 신분에 따라 먹을거리에서 크게 차이가 났어요. 그래서 이 무덤의 주인은 아마 왕이나 아주 높은 귀족이었을 것이라고 짐작하고 있어요.

부엌과 고기 창고 그림

장사 몸이 우람하고 힘이 아주 센 사람.
호위하다 따라다니며 곁에서 보호하고 지키다.

씨름도

무덤 주인 그림

고구려는 삼국 가운데 불교를 가장 먼저 받아들였어요. 그리고 많은 절을 짓고 불상을 만들었지요. 고구려를 대표하는 불상은 '금동 연가 7년명 여래 입상'이에요. 이름이 무척 길지요?

'금동'은 불상을 만든 재료이고, '여래 입상'은 여래라는 부처가 서 있는 조각상이라는 뜻이지요. 금동 연가 7년명 여래 입상에는 부처의 성스러움을 나타내는 광배가 크게 표현되어 있는데, 광배 뒷면에는 '연가 7년'으로 시작하는 글이 새겨져 있어요.

연가 7년은 불상이 만들어진 시기예요. 이어진 글에는 평양의 스님들이 불교를 널리 알리기 위해 천 개의 불상을 만들었는데, 이 불상은 29번째로 만들어졌다는 내용이 담겨 있지요.

금동 연가 7년명 여래 입상은 특이하게도 신라의 영토였던 경상남도 의령에서 발견되었어요.

광배 그림이나 조각상을 제작할 때, 부처의 몸에서 나는 빛을 표현한 장식.

Q2
반짝퀴즈
각저총에서 발견된 두 장사가 씨름하는 모습의 고분 벽화는 □□□이다.

불교의 역사는 오래됐구나.

금동 연가 7년명 여래 입상

⭐ **고구려의 문화유산과 문화의 특징**

• 고구려 사람들이 남긴 문화유산에서는 힘과 씩씩하고 굳센 기운이 느껴진다.

• 고구려의 대표적인 문화유산은 고분 벽화로, 여기에 생활, 문화, 종교 등을 표현했다.

• 무용총, 각저총, 안악 3호분에 그려진 고분 벽화에서 고구려인의 생활 모습을 짐작할 수 있다.

• 고구려를 대표하는 불상은 금동 연가 7년명 여래 입상이다.

• 금동 연가 7년명 여래 입상은 신라의 영토에서 발견되었다.

1 다음 그림에 대한 설명으로 알맞은 것을 골라 선으로 이으세요.

(1)

• 　　　　　　• ① 무용총에서 발견된 '무용 도'로, 흥겹게 춤을 추는 여러 사람을 그린 벽화이다.

(2)

• 　　　　　　• ② 무용총에서 발견된 '수렵 도'로, 이 벽화를 통해 고구려 사람들이 사냥을 즐겼다는 것을 알 수 있다.

2 다음 그림을 볼 수 있는 곳은 어디입니까? (　　　　)

씨름도

무덤 주인 그림

① 백제의 절　　　　② 신라의 궁궐　　　　③ 백제의 고분

④ 고구려의 궁궐　　　　⑤ 고구려의 고분

3 다음 (가)에 들어갈 불상의 사진에 ○표 하세요.

(가)	국보 제119호인 이 불상은 고구려의 스님들이 천 개의 불상을 만들 때 29번째로 만들어진 불상이다. 광배 뒷면에는 '연가 7년'이라는 글자가 새겨져 있다.

(1) 석굴암 본존불

( )

(2) 금동 연가 7년명
여래 입상

( )

(3) 서산 용현리
마애여래 삼존상

( )

4주 3일
학습 끝!

붙임 딱지 붙여요.

카드 세계사

인도, 굽타 제국이 멸망하다

으악!
에프탈족이다!

고구려가 문화를 발전시키던 6세기 중엽, 인도에서는 굽타 제국이 멸망했어요. 굽타 제국은 320년경, 찬드라 굽타 1세가 인도의 동북부 지역에 세운 나라였어요. 굽타 왕조는 영토를 크게 넓히고 아라비아를 비롯해 중국과도 무역을 벌이며 발전해 나갔어요. 하지만 굽타 제국은 유목 민족인 에프탈족의 침략을 받으면서 힘이 점점 약해져 결국 인도 역사에서 사라지고 말았지요.

에프탈족 5세기 중엽부터 1세기 동안 중앙아시아의 아무다리야강 상류에 살면서 위세를 떨친 이란 계열의 유목 민족.

신라와 가야는 어떤 문화유산을 남겼나요?

공부한 날짜: ☐ 월 ☐ 일

황룡사 9층 목탑에 담긴 뜻
황룡사 9층 목탑에 있는 아홉 개의 층은 각각 일본과 당, 백제, 말갈 등 신라 주변의 아홉 개 나라를 뜻해요. 여기에는 신라가 크게 힘을 키우고, 주변 나라들이 신라를 섬기게 되기를 바라는 마음이 담겨 있어요. 황룡사 9층 목탑은 백제에서 탑을 만드는 기술자로 널리 알려진 '아비지'의 도움으로 만들어졌답니다.

안장 말, 나귀 따위의 등에 얹어서 사람이 타기에 편리하도록 만든 도구.
정교하다 솜씨나 기술이 정밀하고 교묘하다.

신라, 화려한 문화유산을 남기다

신라의 초기 문화는 다른 나라에 비해 소박했어요. 하지만 신라는 점차 세련되고 화려한 문화를 발전시켰어요.

신라의 대표적인 문화유산 가운데 하나는 '천마총'이라는 고분에

천마도

서 발견된 '천마도'예요. 천마도는 하늘을 나는 듯한 말을 그린 그림이에요. 고분에서 발견되었지만 벽이 아니라 말다래에 그려져 있었답니다. 말다래는 말을 탄 사람의 옷에 흙이 튀지 않도록 안장 양쪽으로 늘어뜨린 판이에요.

천마총을 비롯해 신라의 고분에서는 특히 금으로 된 많은 유물이 나왔어요. 금으로 만든 관, 목걸이와 팔찌, 귀고리, 허리띠 등이 발견되었지요. 이 유물들은 무척 화려하면서 정교해요. 그래서 신라 사람들은 금 장신구를 많이 만들었으며, 금속을 다루는 기술이 매우

금령총 금관

발달했다는 것을 알 수 있지요.

신라는 삼국 가운데 가장 늦게 불교를 받아들였지만, 다른 나라에 뒤지지 않을 만큼 많은 절을 짓고 탑을 세웠어요. '황룡사'는 진흥왕 때 17년에 걸쳐 지어졌지요. 선덕 여왕은 이 절 안에 황룡사 9층 목탑을 세워 불교의 힘으로 이웃 나라가 쳐들어오는 것을 막고 나라의 힘을 하나로 모으려고 했어요. 이 목탑은 높이가 80미터나 될 정도로 어마어마하게 컸답니다. 하지만 안타깝게도 훗날 몽골군이 침략했을 때 불에 타 사라졌어요.

신라를 대표하는 문화유산으로 '첨성대'도 빼놓을 수 없어요. 첨성대는 선덕 여왕 때 하늘을 관측하기 위해 만든 천문대예요. 농사는 날씨의 영향을 많이 받기 때문에 하늘에 있는 해와 달, 별의 움직임을 살펴 농사에 활용하려고 첨성대를 만들었지요.

신라의 문화유산이 많이 남아 있는 경주의 위치

선덕 여왕 신라 제27대 왕. 신라 최초의 여왕으로, 삼국 통일의 기반을 닦았음.
관측하다 눈이나 기계로 달과 별 같은 우주의 천체나 구름, 비 같은 기상의 상태와 변화를 관찰하여 측정하다.

Q1
반짝퀴즈

첨성대는 □□ □□ 때 하늘을 관측하기 위해 만든 천문대이다.

북두칠성이 떴다!

어디, 어디?

황룡사 9층 목탑을 재현한 건축물

오!

비나이다, 비나이다.

경주 첨성대

가야금의 유래

가야금의 유래

『삼국사기』에 따르면, 가야금은 가야의 가실왕이 중국의 악기인 '쟁(箏)'을 보고 만들었대요. 그 뒤 가야가 어지러워지자 우륵이 가야금을 가지고 신라 진흥왕에게 투항해서 널리 알려졌지요.

그러나 그 이전에도 신라의 흙 인형에서 가야금이 발견되고, 중국의 『삼국지』에서 삼한 시대에 이미 한국 고유의 현악기가 있었다는 기록이 나왔어요. 이로 미루어 가야금은 삼한 시대부터 사용한 현악기를 가실왕 때 중국 악기 쟁(箏)의 영향을 받아 더욱 발전시켰다고 보고 있어요.

가야금

가야, 철을 바탕으로 수준 높은 문화를 이루다

가야는 '철의 나라'로 불릴 정도로 철을 다루는 솜씨가 뛰어났어요. 가야 사람들은 철을 이용해 다양한 철기를 만들었지요. 그래서 가야의 고분에서는 다양한 철기가 많이 나왔어요. 특히 창과 칼, 갑옷 같은 무기가 많았지요.

가야의 군사들은 몸을 보호하기 위해 철로 만든 갑옷을 입고 투구도 썼어요. 갑옷은 철판을 얇게 펴서 튼튼하고 가볍게 만들고, 멋진 무늬까지 새겨 넣었어요. 작은 철판 조각을 엮어서 갑옷을 만들기도 했지요. 가야 사람들은 말에게도 갑옷을 입히고, 말의 머리에 말 머리 가리개를 만들어 씌웠답니다.

가야는 독특한 모양의 토기도 많이 남겼어요. 수레바퀴 모양 토기, 짚신 모양 토기, 오리 모양 토기, 굽다리에 불꽃 무늬를 뚫은 토기 등 별의별 모양의 토기가 다 있지요.

오리 모양 토기

가야의 갑옷

가야 토기의 모양이 다양한 까닭은 가야가 여러 나라로 이루어졌기 때문이에요. 여러 나라였던 가야가 저마다 다른 모양의 토기를 만든 것이지요. 가야 사람들은 토기에 음식을 담아 먹을 뿐 아니라, 예쁘게 빚은 토기로 방을 장식하기도 했어요.

가야의 토기는 다른 나라의 토기보다 선이 곱고 아름답다는 특징이 있어요. 또한, 아주 높은 온도에서 구웠기 때문에 무척 단단하지요. 그래서 가야의 토기를 두드리면, 쇠로 만든 물건을 두드리는 것 같은 쇳소리가 나요.

삼국의 고분에서 발견된 장신구는 대부분 금과 은 같은 금속으로 만들어진 것이 많아요. 그런데 가야에서는 금속 장신구보다 수정, 옥, 유리 등으로 만든 구슬 장신구가 많이 나왔어요. 그것은 가야 사람들이 금과 은보다 구슬을 더 귀하게 여기며 좋아했기 때문이랍니다.

투구 예전에, 군인이 전투할 때 적의 화살이나 칼날로부터 머리를 보호하기 위하여 쓰던 쇠로 만든 모자.
말 머리 가리개 말을 화살로부터 보호하기 위해 말의 이마나 얼굴에 씌우던 물건.
굽다리 그릇에 달린 높다란 굽을 뜻함.

Q2

반짝퀴즈

가야는 '□의 나라'로 불릴 정도로 □을/를 다루는 솜씨가 뛰어났다.

오!

우아, 예쁘다.

수레바퀴 모양 토기

옥구슬

⭐ 신라와 가야의 문화유산과 문화의 특징

- 신라의 문화는 초기에 소박했으나 점차 세련되고 화려하게 발전했다.
- 신라 고분에서 나온 천마도와 금관을 비롯한 금 장신구에서 신라의 문화 수준을 짐작할 수 있다.
- 신라는 황룡사 9층 목탑을 세우고, 하늘을 관측하는 천문대인 첨성대도 만들었다.
- '철의 나라'로 불렸던 가야의 고분에서는 철로 만든 갑옷과 투구 등이 발견되었다.
- 가야는 독특한 모양의 토기를 많이 남겼으며, 고분에서는 구슬 장신구들이 많이 나왔다.

1 다음 중 황룡사 9층 목탑에 대해 알맞게 말한 친구에게 ○표 하세요.

(1) 이 탑은 법흥왕 때 처음 만들어졌어.

(   )

(2) 이 탑을 세워 적을 막고 백성의 힘을 하나로 모으려고 했어.

(   )

(3) 이 탑은 지금까지 황룡사에 원래 모습 그대로 잘 남아 있어.

(   )

2 다음 문화재 카드에 들어갈 문화유산의 이름을 보기 에서 찾아 쓰세요.

신라의 문화유산으로, 선덕 여왕 때 하늘을 관측하기 위해 만들어졌다.

| 보기 | 천마총 | 첨성대 | 장군총 | 포석정 |

3 다음 문화유산을 남겼던 나라는 어디입니까? (   )

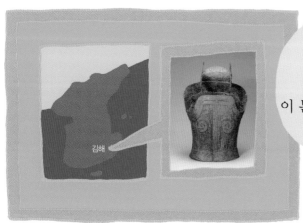

이것은 김해 대성동 고분군에서 나온 갑옷이에요. 이 문화유산을 남긴 나라는 어디일까요?

김해

4주 4일 학습 끝!

붙임 딱지 붙여요.

① 백제   ② 신라   ③ 가야   ④ 고구려   ⑤ 고조선

카드 세계사

돌궐 제국이 세워지다

내가 지나간 자리는 다 내 땅!

돌궐이 나라를 세웠어.

돌궐 만세!

카간이다!

신라가 황룡사를 지을 무렵, 몽골고원에는 '돌궐 제국'이 들어섰어요. 돌궐은 몽골고원에서 유목 생활을 하던 튀르크족이에요. '튀르크'를 사람들이 한자로 기록한 이름이 '돌궐'이지요. 돌궐은 몽골고원의 다른 유목 민족인 유연의 지배를 받다가 유연을 물리치고 돌궐 제국을 세웠지요. 돌궐 제국은 빠르게 영토를 넓혀 중앙아시아의 초원 지대를 지배하는 큰 나라가 되었어요.

유연 4세기 말부터 6세기 말까지 몽골고원을 다스리던 몽골계 유목 민족.

삼국과 가야는 다른 나라와 어떻게 교류하며 지냈나요?

백제 무령왕릉에서 발견된
중국 토기, 청자육이호

삼국이 중국, 서역과 교류하다

삼국은 서로서로 영향을 주고받으며 다른 나라와도 널리 교류했어요. 삼국과 가장 활발히 교류한 나라는 중국이었지요.

고구려는 맞닿아 있는 육지와 바닷길을 통해 중국과 직접 교류했어요. 그러면서 중국 문화의 영향을 받았지요. 고구려의 고분 벽화에는 중국 신화에 나오는 신이나 상상의 동물이 그려져 있었지요.

백제도 한강과 이어진 바닷길을 통해 중국을 오갔어요. 백제는 중국 남쪽에 있던 남조와 활발히 교류했답니다. 그래서 백제의 도읍에서는 중국 남조의 토기가 발견되었어요. 백제의 무령왕릉처럼 벽돌을 쌓아서 무덤을 만드는 방식 역시 중국 남조의 영향이에요.

한반도 구석에 치우쳐 있던 신라는 오랫동안 중국과 직접 교류하지 못했어요. 가까이 지냈던 고구려를 통해서 중국의 문물을 전해

왕산악이 만든 거문고

거문고는 기다란 나무통 위에 명주실을 꼬아 만든 여섯 개의 줄이 있는 악기예요. 술대라고 부르는 나무 막대로 줄을 뜯어서 연주하지요.

고구려의 왕산악은 중국에서 보낸 '칠현금'이라는 악기를 본 뒤, 이를 새롭게 고쳐서 우리의 전통 악기인 '거문고'를 만들었어요.

거문고

남조 중국 남북조 시대 중 5~6세기에 양쯔강 하류 지역을 차지하고 건강(남경)을 수도로 삼았던 송, 제, 양, 진의 4개 왕조를 통틀어 이름.

서역의 영향을 받은
'경주 계림로 보검'

비단길

아라비아

이집트

인도

받았지요. 그러다 진흥왕이 한강 유역을 차지하면서 직접 중국과 교류하기 시작했어요.

삼국은 멀리 서역과도 교류했어요. 서역은 지금의 인도와 중앙아시아 같은 중국 서쪽에 있는 나라들을 통틀어 부르는 말이에요.

아프라시압 궁전 벽화
(우즈베키스탄 사마르칸트)

조우관 새의 깃털을 장식으로 꽂는 관모. 관모 좌우에 새 깃을 꽂아 벼슬의 높고 낮음을 가렸다고 함.

우즈베키스탄의 아프라시압 궁전에는 오래전 그곳을 다스렸던 왕이 열두 명의 외국 사신을 만나는 모습을 그린 벽화가 있어요. 그런데 벽화에 그려진 사신 둘이 새 깃털로 장식한 모자인 조우관을 쓰고 있어요. 무릎까지 내려오는 웃옷을 입고 허리에 검은 허리띠를 둘렀지요. 이는 고구려 사람들의 복장이랍니다. 그래서 고구려가 서역으로 사신을 보내어 이들과 교류한 것이라고 짐작할 수 있어요.

신라의 고분에서는 서역에서 만든 유리그릇과 뿔 모양의 잔, 황금으로 장식한 검 등이 발견되었어요. 이를 통해 신라도 서역과 교류했다는 것을 알 수 있지요.

반짝퀴즈 Q1

삼국은 □□와/과 가장 활발하게 교류하고, 중국 서쪽에 있는 서역과도 교류했다.

□□

경주 황남 대총에서 발견된 유리병과 유리잔

초원길

중국　바닷길

백제의 박사
백제에서는 학문이나 기술이 뛰어난 사람을 '박사'라고 불렀어요. 학문이 뛰어난 사람은 '오경박사', 의술이 뛰어난 사람은 '의박사'라고 했지요. 또 기와를 잘 만드는 사람은 '와박사', 탑 만드는 기술이 뛰어난 사람은 '노반박사'라고 붙렀답니다.

천자문 중국 양의 주흥사가 지은 책. 한자를 처음 배우는 사람들을 위해 알기 쉽게 풀어 쓴 책으로 모두 천 자로 되어 있음.
논어 고대 중국의 학자인 공자와 그의 제자들이 한 말과 행동을 기록한 유교의 경전.
장인 손으로 물건을 만드는 일을 직업으로 하는 사람.

삼국의 문화, 일본에 큰 영향을 주다

삼국은 중국에서 받아들인 문물을 발전시켜 고구려, 백제, 신라만의 문화를 이룩했어요. 바다 건너 일본과 교류하며 문화를 전해 주었지요.

삼국 가운데 특히 백제는 일본에 많은 문물을 전해 주었어요. 일본이 삼국의 앞선 문물을 받아들이려고 애썼거든요. 백제의 근초고왕 때 사신으로 건너간 아직기는 일본 태자의 스승이 되었어요. 일본

호류사 5층 목탑(일본 나라현 이코마군)

의 왕이 백제의 뛰어난 학자를 더 모셔 오고 싶다고 하자, 아직기는 백제의 왕인 박사를 초청했지요. 왕인 박사는 태자의 스승이 되어 『천자문』과 『논어』 그리고 불교에 대해서도 알려 주었어요.

일본과 교류가 활발해지면서 백제는 장인들도 일본으로 보냈어요. 이들은 일본에 절을 짓고 탑을 쌓았지요. 그래서 백제의 탑과 닮은 일본 호류사의 탑은 백제의 장인들이 일본에 건너가 만들었을 것이라고 추측하고 있어요.

134

그 뒤로도 백제의 관륵 스님은 일본 태자에게 역법에 대해 알려 주었어요. 고구려의 담징 스님은 종이와 먹, 연자방아 만드는 법을 가르쳤지요. 또, '호류사'에 아름다운 '금당 벽화'를 그려 주었다고 전해져요.

신라는 일본에 배를 만드는 기술과 둑을 쌓는 기술을 알려 주

삼국 시대 금동 미륵보살 반가 사유상(한국, 왼쪽)과 고류사의 목조 미륵보살 반가 사유상(일본, 오른쪽)

었어요. 가야도 다양한 철기와 철을 다루는 기술, 토기 만드는 기술을 알려 주었답니다.

그래서 일본의 문화유산 가운데는 삼국과 가야의 문화유산과 닮은 것이 많아요. 대표적으로 일본의 국보 1호인 고류사의 '목조 미륵보살 반가 사유상'은 삼국 시대에 만들어진 '금동 미륵보살 반가 사유상'과 쌍둥이처럼 닮았어요. 삼국과 가야가 전한 문화가 일본의 문화에 큰 영향을 준 거예요.

역법 해, 달, 별의 움직임을 계산하고 연구하는 방법.
연자방아 둥글고 넓적한 돌판 위에 작고 둥근 돌을 세로로 세우고, 이를 말이나 소가 끌어서 돌리는 방법으로 곡식을 찧는 방아.

반짝퀴즈 Q2

고구려의 □□ 스님은 일본에 종이와 먹, 연자방아 만드는 법을 가르쳐 주었다.

□ □

왕인 박사! 어서 오세요. 많이 가르쳐 주십시오.

호류사

다 그렸소.

고맙습니다. 담징 스님.

★ 삼국과 가야의 대외 교류

• 삼국은 중국과 활발히 교류했는데, 고구려의 고분 벽화와 백제의 무령왕릉에서 증거를 찾을 수 있다.

• 서역 벽화 속 고구려 사신의 모습과 서역 물건 등을 통해 삼국과 서역의 교류를 알 수 있다.

• 삼국과 가야는 일본에 앞선 문물을 전해 주었다.

• 삼국 가운데 특히 백제가 일본에 많은 문물을 전했다.

• 왜와 교류하며 삼국과 가야가 전한 문화는 일본 고대 문화의 발전에 큰 영향을 주었다.

1 다음 자료에서 알 수 있는 사실로 둘 중 알맞은 말에 ○표 하세요.

아프라시압 궁전 벽화 　　　 경주 황남 대총에서 발견된 유리병과 유리잔

삼국이 **(중국 / 서역)**과 교류했음을 알 수 있다.

2 다음 ㈎에 들어갈 알맞은 나라의 이름을 쓰세요.

호류사 5층 목탑

　　삼국과 가야 가운데 ┌㈎┐이/가 특히 일본에 많은 문물을 전해 주었다. 아직기와 왕인 박사는 일본 태자의 스승이 되어 유학을 가르쳐 주었다.

　　또, 일본과 교류가 활발해지면서 솜씨 좋은 장인들을 일본에 보내 절을 짓고 탑을 쌓게 했다. 호류사 5층 목탑은 ┌㈎┐의 탑과 닮아 있어 이때 건너간 장인들의 솜씨라고 짐작하고 있다.

(　　　　　　)

3 다음 중 ㈎에 들어갈 나라는 어디입니까? ( )

두 불상의
생김새가
비슷해.

두 문화재는 삼국의
문화가 ㈎ 의 문화에
영향을 주었다는 것을
보여 주고 있어.

금동 미륵보살
반가 사유상(한국)

고류사의 목조 미륵보살
반가 사유상(일본)

4주 5일
학습 끝!

붙임 딱지 붙여요.

① 중국　　② 일본　　③ 가야　　④ 서역　　⑤ 미국

카드 세계사

이슬람교를 만든 무함마드 탄생하다

알라가 전하라고
하셨다. 온 우주에서
유일한 신은 알라
니라. 그리고….

가브리엘
천사님…

백제와 고구려의 스님들이 일본으로 건너가 가르침을 줄 무렵, 아라비아반도의 메카에서는 이슬람교를 만든 무함마드가 태어났어요. 무함마드는 40세에 메카 근처의 히라산 동굴에서 명상을 하다가 천사를 통해 알라의 계시를 들었다고 해요. 그래서 유일신인 알라를 섬기는 이슬람교를 만들었지요. 무함마드가 만든 이슬람교는 불교, 크리스트교와 함께 세계 3대 종교로 꼽힌답니다.

계시 사람이 알 수 없는 진리를 신이 가르쳐 알게 하는 것을 이름.
유일신 오직 하나밖에 없는 신.

정답 및 풀이

쪽수를 잘 보고 정확한 정답과
자세한 풀이를 만나 보세요.

PART 1 한반도의 시작과 고조선 건국

01 한반도의 구석기 시대 사람들은 어떻게 살았나요?

반짝퀴즈 13, 15쪽

Q1. 뗀석기   Q2. 구석기

1. 뗀석기는 돌을 깨뜨리거나 떼어 내 만든 도구로, 구석기 시대 사람들은 뗀석기를 사용했습니다.
2. 구석기 시대 사람들은 먹을거리가 있는 곳을 찾아 무리 지어 옮겨 다녔으며 모두가 평등했습니다.

역사 쏙쏙 16~17쪽

1. (1) ○ (2) × (3) ○ (4) ○   2. 불   3. (2) ○

1. (2) 구석기 시대 사람들은 자연에서 먹을거리를 구하고, 먹을 것을 찾아 이동하며 생활했습니다. 사람들이 농사를 짓고 한곳에 머물러 산 것은 신석기 시대부터입니다.
2. 구석기 시대 사람들은 불을 사용하는 방법을 알게 되면서 생활이 훨씬 편리하고 안전해졌습니다.
3. 주먹 도끼는 구석기 시대의 대표적인 뗀석기로, 짐승의 가죽을 벗길 때, 땅을 팔 때 등 다양한 곳에 쓰였습니다.
   (1) 반달 돌칼은 곡식의 이삭을 따는 데 썼습니다. (3) 가락바퀴는 옷을 만들 때 썼던 물건입니다.

02 신석기 시대 사람들은 어떻게 살았나요?

반짝퀴즈 19, 21쪽

Q1. 간석기   Q2. 움집

1. 간석기는 돌을 갈아서 만든 도구로, 신석기 시대 사람들은 간석기를 사용했습니다.
2. 움집은 땅을 파고 바닥을 다진 뒤 나무로 기둥을 세우고 풀이나 갈대를 덮어 만든 집입니다. 신석기 시대 사람들은 움집에서 살았습니다.

역사 쏙쏙 22~23쪽

1. (1) ② (2) ① (3) ③   2. (1) × (2) ○ (3) ○
3. 가락바퀴

1. (1) 뼈바늘은 옷감을 꿰매어 옷을 만들 때 사용하던 도구, (2) 돌괭이는 농사지을 땅을 일굴 때 사용하던 농기구, (3) 빗살무늬 토기는 곡식을 담아 두거나 음식을 만들 때 사용하던 흙으로 만든 그릇입니다.
2. (1) 신석기 시대 사람들은 땅을 파고 바닥을 평평하게 다진 뒤 움집을 지었습니다.
3. 주어진 그림 속 '가락바퀴'는 신석기 시대 사람들이 실을 뽑아 옷을 만들 때 사용하던 도구입니다.

03 청동기 시대에는 어떤 변화가 생겼나요?

반짝퀴즈 25, 27쪽

Q1. 고인돌   Q2. 반달 돌칼

1. 고인돌은 청동기 시대 사람들이 만든 무덤으로, 부족의 우두머리인 군장은 죽은 뒤에 커다란 고인돌 무덤에 묻혔습니다.
2. 반달 돌칼은 청동기 시대의 대표적인 농기구로, 돌로 만든 반달 모양의 칼입니다. 곡식의 이삭을 딸 때 손에 쥐고 사용했습니다.

1. (3) ○ **2.** (1) ○ (2) ○ (3) ○ (4) × **3.** 민무늬 토기

1. 청동기 시대에는 농사짓는 기술이 발달해 농사가 잘 되어 곡식을 많이 가진 사람과 농사가 잘되지 않아 곡식을 적게 가진 사람이 생겨났습니다. 그래서 사람들 사이에 계급이 생겨났습니다.
2. (1)~(3)은 군장에 대한 설명으로 알맞습니다. (4) 군장은 다른 부족과 싸움을 벌여 싸움에서 이기면 진 부족의 사람들을 잡아다 노예로 부렸습니다.
3. 주어진 그림 속의 토기는 청동기 시대에 사용했던 민무늬 토기입니다. 청동기 시대 사람들은 바닥이 단단한 곳에서 살았기 때문에 민무늬 토기는 바닥이 평평했습니다.

04 첫 나라 고조선은 어떻게 세워졌나요?

반짝퀴즈 31, 33쪽

Q1. 고조선 Q2. 단군왕검

1. 단군왕검이 세운 고조선은 한반도에 세워진 우리나라 최초의 국가입니다.
2. 단군은 하늘에 제사를 지내는 일을 맡은 사람이라는 뜻이고, 왕검은 나라를 다스리는 정치적 지도자라는 뜻입니다.

역사 쏙쏙 34~35쪽

1. ④ **2.** (1) ② (2) ③ (3) ① **3.** 제사장, 정치적 지도자(순서 있음.)

1. 단군 신화는 우리나라 최초의 국가인 고조선의 건국 이야기로, 이를 통해 고조선이 세워질 때의 상황을 알 수 있습니다.
2. (1) 환웅이 무리를 거느리고 하늘에서 내려왔다는 내용은 환웅이 이끄는 부족이 다른 지역에서 왔다는 것을 말합니다. (2) 곰이 환웅과 혼인했다는 것은 곰을 섬기는 부족과 환웅 부족이 힘을 합쳤다는 뜻입니다.

(3) 환웅이 바람과 비와 구름을 다스리는 신하들을 데리고 왔다는 내용은 당시 사람들이 농사를 중요하게 생각했다는 것을 뜻합니다.
3. '단군'은 제사장, 즉 하늘에 제사 지내는 일을 맡은 사람이라는 뜻입니다. 그리고 '왕검'은 나라를 다스리는 정치적 지도자라는 뜻입니다.

05 고조선 사람들은 어떻게 살았나요?

반짝퀴즈 37, 39쪽

Q1. 8조법(팔조법) Q2. 미송리식

1. 고조선은 8조법에 따라 나라를 다스렸습니다. 오늘날 8조법은 세 가지 조항만 전해집니다.
2. 고조선을 대표하는 문화유산으로는 미송리식 토기, 비파형 동검, 탁자식 고인돌이 있습니다.

역사 쏙쏙 40~41쪽

1. 유진, 민호 **2.** ② **3.** 청동기

1. 주어진 8조법의 조항에서 고조선 사람들은 농사를 짓고 살았으며, 개개인이 자신의 재산을 가지고 있었다는 것을 알 수 있습니다.
2. 주어진 자료는 고조선의 문화 범위를 나타낸 지도입니다. 고조선의 대표적인 문화유산인 미송리식 토기, 비파형 동검, 탁자식 고인돌의 분포에서 고조선의 문화 범위를 짐작할 수 있습니다.
3. 고인돌은 청동기 시대 지배자의 무덤이었습니다. 탁자식 고인돌 외에 미송리식 토기, 비파형 동검은 고조선을 대표하는 문화유산입니다.

PART 2 철기 문화와 고조선 이후의 여러 나라

06 고조선은 어떻게 발전했나요?

반짝퀴즈 45, 47쪽

Q1. 위만 Q2. 철기

1. 위만은 군대를 이끌고 왕검성으로 가서 준왕을 쫓아내고 왕위에 올랐습니다.
2. 위만은 철기 만드는 기술을 온 나라에 알렸고, 철기를 만들어 사용하면서 고조선은 크게 성장했습니다.

역사 쏙쏙 48~49쪽

1. ③ 2. ④ 3. ⑵ ○

1. 위만은 중국에서 일어난 전쟁을 피해 고조선에 왔습니다. 그리고 준왕에게 고조선에서 살 수 있도록 받아달라고 했습니다.
2. 위만은 왕위에 오른 뒤에도, 나라 이름을 바꾸지 않고 계속 조선이라고 했습니다.
3. 고조선은 철기를 널리 사용하면서 생산하는 곡식의 양이 많아졌고, 인구도 늘어났습니다. 또한 철로 강한 무기를 만들면서 땅을 크게 넓혔습니다.

07 고조선은 어떻게 멸망했나요?

반짝퀴즈 51, 53쪽

Q1. 중계 무역 Q2. 한

1. 우거왕은 한반도 남쪽의 여러 나라가 한과 직접 교역

하는 것을 막고, 이들을 상대로 중계 무역을 벌여 큰 이익을 얻었습니다.
2. 한이 고조선을 침략했고, 고조선은 이에 맞서 싸웠으나 결국 기원전 108년에 멸망했습니다.

역사 쏙쏙 54~55쪽

1. ⑤ 2. ⑶ ○ 3. ③

1. 중계 무역이란 다른 나라에서 산 물건을 또 다른 나라에 되파는 것입니다. 우거왕은 한반도 남쪽의 여러 나라와 한을 상대로 중계 무역을 했습니다.
2. 한은 고조선이 큰돈을 벌고, 세력을 키우는 것을 못마땅하게 여겼습니다. 그래서 우거왕에게 사신을 보내 흉노와 관계를 끊고 한을 받들라고 했지만 이를 거절하자 고조선을 침략했습니다.
3. 고조선은 흉노가 아니라 한의 침략에 멸망했습니다. 고조선은 한의 침략에 저항했으나 지배층의 분열로 결국 한에 항복하고 멸망했습니다.

08 부여와 고구려는 어떤 나라였나요?

반짝퀴즈 57, 59쪽

Q1. 순장 Q2. 주몽

1. 부여에서는 높은 사람이 죽었을 때 저세상에서 부릴 사람을 함께 묻는 순장 풍습이 있었습니다.
2. 고구려는 부여에 살던 주몽이 무리를 이끌고 졸본으로 내려와 그곳에 있던 다섯 부족을 뭉쳐 세운 나라입니다.

1. ③ 2. 하은 3. (1) 영고 (2) 동맹

1. 부여는 만주 쑹화강 근처의 넓고 평평한 들판에 자리 잡고 있었습니다. 다섯 지역으로 나뉘어 왕은 가운데 지역만 다스리고 나머지 네 지역은 마가, 우가, 저가, 구가가 각각 맡아서 다스렸습니다.
2. 고구려의 데릴사위제는 결혼과 관련된 풍습입니다. 데릴사위제는 다른 말로 '서옥제'라고도 합니다.
3. 부여는 12월에 '영고'라는 제천 행사를, 고구려는 10월에 '동맹'이라는 제천 행사를 열었습니다.

09 옥저와 동예, 삼한은 어떤 나라였나요?

Q1. 옥저 Q2. 삼한

1. 옥저는 함경도 동해안에 자리 잡고 있던 나라로, '민며느리제'라는 결혼 풍습이 있었습니다.
2. 한반도 남쪽에 있던 마한과 진한, 변한을 통틀어 '삼한'이라고 부릅니다.

1. (2) ○ 2. 소도 3. ③

1. (2) 옥저에는 민며느리제라는 독특한 결혼 풍습이 있었습니다. (1) 동예는 특산물로 단궁, 과하마, 반어피가 유명했습니다. (3) 삼한에는 정치적 지배자인 군장과 제사장인 천군이 따로 있었습니다.
2. 소도는 삼한의 제사장인 천군이 하늘에 제사를 지내는 곳이었습니다. 소도는 신성한 곳이라는 것을 알리기 위해 커다란 나무에 북과 방울을 매달아 놓았습니다. 이곳에는 법이 미치지 않아 죄를 짓고 숨어드는 사람도 있었습니다.
3. 동예에서는 매년 10월 '무천'이라는 제천 행사를 열었습니다. 하늘에 제사를 지낸 뒤, 다 함께 즐겁게 춤을 추고 노래를 부르며 놀았습니다.

10 고구려와 백제, 신라, 그리고 가야는 어떻게 세워졌나요?

Q1. 주몽 Q2. 알

1. 주몽은 부여를 떠나 졸본에 도착해 '고구려'를 세웠습니다.
2. 고구려와 신라, 가야의 건국 이야기를 보면 나라를 세운 왕들이 모두 알에서 태어났습니다.

1. (1) ② (2) ③ (3) ① 2. (1) × (2) × (3) ○ (4) ○
3. ⑤

1. (1) 주몽은 고구려, (2) 김수로는 금관가야, (3) 박혁거세는 신라를 세웠습니다.
2. (1) 온조는 주몽의 아들이며, 나라를 세우기 위해 미추홀에 자리 잡은 사람은 비류입니다. (2) 부여에서 살다 남쪽으로 내려가 나라를 세운 사람은 주몽입니다. (3), (4)는 고구려와 신라의 건국 이야기로 알맞습니다.
3. 주어진 그림에 나타난 이야기는 백제의 건국 이야기입니다. 고구려를 떠난 온조는 한강 유역에 나라를 세웠고, 형 비류는 미추홀에 자리를 잡았습니다. 이후 비류가 세상을 떠나자 미추홀의 백성들은 온조가 다스리는 곳으로 왔고, 온조는 나라 이름을 '백제'로 바꾸었습니다.

PART 3 삼국과 가야의 발전

11 백제가 어떻게 삼국 가운데 가장 먼저 발전했나요?

반짝퀴즈 77, 79쪽

Q1. 고이왕 Q2. 근초고왕

1. 고이왕은 관리의 등급을 새로 정하고, 등급에 따라 관리가 입는 옷 색깔도 정했습니다.
2. 백제의 13대 왕인 근초고왕이 다스리던 시절, 백제는 가장 넓은 영토를 차지하였습니다.

역사 쏙쏙 80~81쪽

1. ② 2. (1) ○ (2) × (3) ○ 3. ⑤

1. 한강 근처에 자리 잡은 백제는 한강과 이어지는 바닷길을 이용해 중국의 앞선 문물을 빠르게 받아들여 삼국 가운데 가장 먼저 발전했습니다.
2. (1), (3)은 고이왕이 나라의 기틀을 마련하기 위해 한일입니다. (2) 고이왕은 관리의 등급을 정하고, 등급에 따라 관리가 입는 옷의 색깔도 정했습니다.
3. 백제의 전성기를 이룬 왕은 근초고왕입니다. 근초고왕은 고구려 땅의 일부를 차지하고 중국, 왜와도 교류했습니다.

12 고구려는 어떻게 드넓은 땅을 갖게 되었나요?

반짝퀴즈 83, 85쪽

Q1. 태학 Q2. 장수왕

1. 소수림왕은 나라에서 운영하는 학교인 태학을 세우고, 유교를 바탕으로 뛰어난 인재를 길러 냈습니다.
2. 광개토 대왕은 북쪽으로 영토를 넓혔고, 장수왕은 백제를 남쪽으로 밀어내며 영토를 넓혔습니다. 그래서 고구려는 광개토 대왕과 장수왕 때 가장 넓은 영토를 차지했습니다.

역사 쏙쏙 86~87쪽

1. ⑤ 2. 광개토 대왕릉비 3. ③

1. 광개토 대왕은 고구려의 영토를 크게 넓힌 왕입니다. 광개토 대왕은 백제 아신왕의 항복을 받아 내고 거란과 동부여를 공격해 고구려의 영토를 북쪽으로 넓혔습니다.
2. 광개토 대왕릉비는 장수왕이 아버지인 광개토 대왕의 업적을 기리기 위해 세운 비석입니다.
3. 고구려 장수왕은 국내성에서 평양으로 도읍을 옮겼고 백제를 남쪽으로 밀어내 영토를 크게 넓혔습니다.

13 신라는 왜 선천히 성장했나요?

반짝퀴즈 89, 91쪽

Q1. 화랑도 Q2. 진흥왕

1. 화랑도는 예로부터 내려오던 신라의 청소년 단체였습니다. 진흥왕은 화랑도를 새롭게 다듬어 화랑과 함께 신라의 영토를 넓혔습니다.
2. 신라 진흥왕은 영토를 크게 넓혀 신라의 전성기를 이루었습니다.

1. (1) ② (2) ① 2. (1) 1 (2) 2 (3) 3 3. ③

1. (1) 지증왕은 우산국을 신라의 영토로 만들었습니다. 또한 나라 이름을 '신라'로 바꾸고, '왕'이라는 호칭을 처음으로 사용했습니다. (2) 법흥왕은 율령을 정하고 불교를 받아들였습니다. 또, 신라의 관리를 17등급으로 나누었습니다.
2. (1) 신라는 백제와 함께 고구려를 공격해 한강 유역을 빼앗았습니다. (2) 그리고 백제가 한강 하류 지역을, 신라가 한강 상류 지역을 차지했습니다. (3) 이후 신라는 백제와의 동맹을 깨고, 한강 유역을 모두 차지했습니다.
3. 신라 진흥왕은 백제와의 동맹을 깨고 한강 하류 지역으로 쳐들어가 한강 유역을 모두 차지했습니다. 그리고 한강 유역뿐 아니라 새로 신라의 영토가 된 지역에 순수비를 세웠습니다.

14 가야는 어떤 나라였나요?

Q1. 금관가야 Q2. 신라

1. 처음에는 김해에 자리 잡고 있던 금관가야가 가야의 여러 나라를 이끌었습니다.
2. 신라의 진흥왕은 이사부 장군을 보내 대가야를 공격했습니다. 대가야가 무너지면서 다른 가야들도 신라에 항복해 가야가 멸망했습니다.

1. (1) × (2) ○ (3) ○ 2. (1) 금관가야 (2) 대가야 3. (1) ○

1. (1) 가야는 작은 나라들이 서로 독자적인 힘을 가진 세력이었습니다. 그래서 삼국과 달리 통일된 하나의 나라를 이루지 못했습니다. (2), (3)은 가야에 대한 설명

으로 알맞습니다.
2. 처음에는 김해에 자리 잡은 금관가야가 가야의 여러 나라를 이끌었습니다. 그러다가 고령 땅에 있던 대가야가 가야의 여러 나라를 이끌었습니다.
3. 주어진 그림 속 사건은 금관가야가 신라에 항복하는 장면입니다. 이후 대가야가 신라에 무너지면서 가야가 멸망했습니다.

15 삼국은 어떻게 불교를 받아들였나요?

Q1. 소수림왕 Q2. 이차돈

1. 고구려의 소수림왕은 불교를 정식 종교로 받아들이고 불교가 널리 퍼질 수 있도록 도왔습니다.
2. 신라의 귀족들이 불교를 받아들이는 일에 반대하자, 이차돈은 자신의 목숨을 바쳐 불교를 받아들일 수 있게 만들었습니다.

1. (1) ○ 2. 채은 3. ③

1. 삼국의 왕들은 백성의 마음을 하나로 뭉치고, 왕의 권한을 강하게 만드는 데 불교를 이용했습니다.
2. 신라의 법흥왕이 불교를 받아들이자고 하자 귀족들은 거세게 반대했습니다.
3. 신라의 법흥왕이 귀족들의 반대로 불교를 받아들이지 못하고 고민하자, 이차돈은 자신의 목숨을 희생하기로 하였습니다. 이차돈의 순교 이후 신라는 불교를 공인하게 되었습니다.

PART 4 삼국과 가야의 사회와 문화

16 삼국 시대 사람들은 어떻게 살았나요?

반짝퀴즈 109, 111쪽

Q1. 평민   Q2. 진대법

1. 삼국 시대 사람들의 신분은 크게 귀족, 평민, 천민으로 나누어졌습니다.
2. 고구려 고국천왕은 을파소의 제안을 받아들여 진대법을 실시했습니다. 진대법은 나라에서 백성에게 곡식을 빌려주는 제도입니다.

역사쑥쑥 112~113쪽

1. (1) ② (2) ③ (3) ①   2. (1) ✕ (2) ✕ (3) ○ (4) ○
3. 진대법

1. (1) 지배층인 귀족은 벼슬자리에 올라 나랏일을 결정했습니다. (2) 평민은 대부분 농사를 지었으며 나라에 여러 가지 의무를 지고 있었습니다. (3) 천민은 가장 낮은 신분으로 대부분 노비였습니다.
2. (1) 많은 땅을 가지고 노비를 거느린 것은 귀족입니다. (2) 귀족의 재산 일부로 여겨지며 사고팔리기도 한 신분은 천민인 노비입니다.
3. 고구려 고국천왕 때 백성들에게 봄에 곡식을 빌려주고 가을에 갚게 한 제도는 진대법입니다.

17 백제는 어떤 문화유산을 남겼나요?

반짝퀴즈 115, 117쪽

Q1. 백제   Q2. 무령왕릉

1. 서산 용현리 마애여래 삼존상에 조각된 세 부처는 부드러운 미소를 띠고 있어 '백제의 미소'라 불립니다.
2. 무령왕릉은 백제의 무령왕과 왕비의 무덤으로, 벽돌을 쌓아 만들었습니다.

역사쑥쑥 118~119쪽

1. ③   2. (2) ○   3. ②

1. 백제 금동 대향로는 섬세하고 세련된 백제 문화의 특징을 잘 보여 주는 문화유산입니다. 금동으로 만들어진 향로의 몸체와 뚜껑에 여러 동식물이 조각되어 있습니다.
2. (1)~(3)의 불상 중 세 명의 부처가 조각된 서산 용현리 마애여래 삼존상은 (2)입니다. (1)은 석굴암 본존불, (3)은 고구려의 금동 연가 7년명 여래 입상입니다.
3. 주어진 안내문에 있는 금귀걸이와 머리에 꽂는 금 장신구, 진묘수라는 조각상은 모두 무령왕릉에서 나왔습니다. 또한 무령왕릉은 안내문 속 사진처럼 벽돌을 쌓아 만들었습니다.

18 고구려는 어떤 문화유산을 남겼나요?

반짝퀴즈 121, 123쪽

Q1. 고분 벽화   Q2. 씨름도

1. 고분은 옛 무덤으로, 무덤 안의 천장이나 벽에 그린 그림을 '고분 벽화'라고 합니다. 고분 벽화는 고구려의 대표적인 문화유산입니다.
2. 각저총에서 발견된 두 장사가 씨름하는 모습의 고분 벽화는 씨름도입니다.

1. (1) ② (2) ① 2. ⑤ 3. (2) ○

1. (1)은 무용총에서 발견된 사냥하는 모습을 그린 수렵도입니다. (2)는 무용총에서 발견된 무용도로 흥겹게 춤을 추는 여러 사람을 그린 벽화입니다.
2. 왼쪽은 각저총, 오른쪽은 안악 3호분에 그려져 있던 고구려의 고분 벽화입니다.
3. '고구려의 스님'과 '연가 7년' 등에서 설명하는 불상이 '금동 연가 7년명 여래 입상'임을 알 수 있습니다. (1)은 통일 신라 때의 석굴암 본존불, (3)은 백제의 서산 용현리 마애여래 삼존상입니다.

19 신라와 가야는 어떤 문화유산을 남겼나요?

반짝퀴즈 127, 129쪽

Q1. 선덕 여왕 Q2. 철

1. 첨성대는 신라를 대표하는 문화유산으로, 선덕 여왕 때 하늘을 관측하기 위해 만든 천문대입니다.
2. 가야는 '철의 나라'라고 불릴 정도로, 철을 다루는 솜씨가 뛰어났습니다.

역사쏙쏙 130~131쪽

1. (2) ○ 2. 첨성대 3. ③

1. 선덕 여왕 때 세워진 황룡사 9층 목탑은 훗날 몽골군이 침략했을 때 불에 타 사라졌습니다.
2. 선덕 여왕은 하늘의 움직임을 관찰하고 이를 농사에 활용하려고 첨성대를 만들었습니다.
3. 주어진 자료는 김해에서 발견된 갑옷으로, 가야의 문화유산입니다. 철을 다루는 기술이 뛰어났던 가야의 군사들은 몸을 보호하기 위해 철로 만든 갑옷을 입고 투구를 썼습니다.

20 삼국과 가야는 다른 나라와 어떻게 교류하며 지냈나요?

반짝퀴즈 133, 135쪽

Q1. 중국 Q2. 담징

1. 삼국은 서로 영향을 주고받으며, 중국을 비롯해 중국 서쪽에 있는 나라들인 서역과도 교류했습니다.
2. 종이와 먹, 연자방아 만드는 법을 일본에게 가르쳐 준 것은 고구려의 담징 스님입니다.

역사쏙쏙 136~137쪽

1. 서역 2. 백제 3. ②

1. 아프라시압 궁전 벽화에 그려진 외국 사신 중에는 고구려 사신도 있습니다. 또한 신라의 고분인 황남 대총에서 발견된 유리병과 유리잔은 서역에서 만든 물건입니다. 이러한 유물을 통해 삼국이 서역과 교류했음을 알 수 있습니다.
2. 백제는 일본과 활발하게 교류하며 유학과 불교, 천문, 역법 등 많은 문물을 전해 주었습니다. 아직기와 왕인은 일본 태자의 스승이 되었고, 솜씨 좋은 장인들도 일본으로 건너가 절을 짓고 탑을 쌓았습니다.
3. 사진 속 우리나라 삼국 시대의 금동 미륵보살 반가 사유상과 일본의 목조 미륵보살 반가 사유상은 생김새가 매우 비슷합니다. 이로 미루어, 삼국이 일본의 고대 문화에 큰 영향을 주었음을 알 수 있습니다.

와우~
1권을 모두 끝냈네요!
2권에서 다시 만나요!

NE능률과 함께 *Learn* 아이와 함께 *Run*

NE능률플러스
학습단
모집

NE능률플러스 카페에서는 매월 셋째 주 학습단을 모집합니다.
4주간의 학습단 활동으로 **엄마표 학습 노하우와 교육 정보**를 얻고,
아이의 **자기주도 학습 습관**을 길러주세요.

▶▶ 카페바로가기

NE능률플러스 카페 ▼

모집 대상	유·초등 자녀 교육에 관심이 있는 학부모
모집 기간	매월 셋째 주 모집 (학습단 공지&발표 게시판)
학습단 혜택	- 교재 및 활동 지원금
	- 매주 진행되는 깜짝 이벤트와 푸짐한 경품
	- 학습 독려 쪽지 발송
	- NE Times 영자신문 1개월 구독권

학습단 소개

러닝맘
- 다양한 활동과 일상을 공유하는 서포터즈

교재 리뷰단
- 생생한 교재 후기를 공유하는 프로 학습러

맘스터디
- 엄마표 학습 꿀팁을 나누는 온·오프라인 스터디

자율학습단
- 스스로 공부 습관과 완북의 성취감

5권 구매 등록마다 선물이 팡팡!

세토 시리즈 래빗 포인트

★★ 래빗 포인트 적립하기

🐰 포인트 번호

KRT0-QBM5-06XM-MKT1

1 래빗 포인트란?

NE능률 세토 시리즈 교재 구매 시
혜택을 드리는 포인트 제도입니다.
1권 당 1P가 적립되며, 5P 적립마다
경품으로 교환 가능합니다.
(시리즈 3종 포함 시 추가 경품 증정)

2 포인트 적립 방법

1 세토 시리즈 교재 구입
2 래빗 포인트 적립 페이지 접속
　 (QR코드 스캔)
3 NE능률 통합회원 로그인
4 포인트 번호 16자리 입력

3 포인트 적립 교재

- 세 마리 토끼 잡는 독서 논술
- 세 마리 토끼 잡는 초등 독해력
- 세 마리 토끼 잡는 급수 한자
- 세 마리 토끼 잡는 초등 어휘
- 세 마리 토끼 잡는 역사 탐험
- 세 마리 토끼 잡는 초등 한국사
- 세 마리 토끼 잡는 쓰기

★ 포인트 유의사항 ★

- 이름, 단계가 같은 교재의 래빗 포인트는 1회만 적립 가능하며, 포인트 유효기간은 적립일로부터 1년입니다.
- 부당한 방법으로 래빗 포인트를 적립한 경우 해당 포인트의 적립을 철회하고 서비스 이용을 제한할 수 있습니다.
- 래빗 포인트에 관한 자세한 사항은 래빗 포인트 적립 페이지 맨 하단을 참고해주세요.

NE 능률